Berlin

Satirisches Reisegepäck
von Tilman Birr

 Michael Müller Verlag

Inhalt

Der Autor

Tilman Birr

ist Kabarettist, schreibt Bücher und Lieder. Tagsüber sitzt er im Zug, abends tritt er vor Menschen auf, die ihn fragen, woher er seine Ideen hat und wie er sich das alles auswendig merken kann. Für seine Bühnenprogramme hat er mehrere Kleinkunstpreise mit bekloppten Namen bekommen (Karlsruher Kehrblech, Schaumburger Schöpflöffel, Moerser Granate).

Bisher sind von ihm erschienen: die Bücher »On se left you see se Siegessäule – Erlebnisse eines Stadtbilderklärers« und »Zum Leben ist es schön, aber ich würde da ungern auf Besuch hinfahren – eine kleine Heimatkunde« sowie das Musikalbum »Die Gesellschaft verurteilt so was schnell«.

tilmanbirr.de
facebook.com/tilmanbirr

Der Herausgeber

Christian Schultz
Autor und TV-Producer

ist 1980 auf einer Klassenfahrt nach Berlin verloren gegangen und seither immer mal wieder hier aufgetaucht...

Seit 1993 im Bereich Show, Kabarett, Comedy sowie Sitcom und Serie als freier Producer und Autor für diverse ARD-Anstalten, 3Sat und VOX sowie für Künstler wie Ottfried Fischer, Florian Schroeder (Offen für alles und nicht ganz dicht, Rowohlt Verlag, 2011), Klaus Karl Kraus (Kabarett aus Franken) u. a. tätig.

Neben Klassikern wie »Ottis Schlachthof« (BR) und dem »Bayerischen Kabarettpreis« (BR) konzipierte und produzierte er zuletzt die Sitcom »Spezlwirtschaft« (BR), den »Satire Gipfel« (ARD), »Puschel-TV mit Alfons« (SR), »Schroeder! – Die Kabarettshow mit Florian Schroeder« (SWR) und arbeitete als Autor für »Seitensprung« (3Sat).

Vorwort

Üblicherweise stehen hier solche Floskeln: »Die Menschen hier sind einfach, aber herzlich. Auf den ersten Blick mögen sie ruppig erscheinen, aber wenn man unter die Oberfläche sieht, erkennt man liebenswürdige und gastfreundliche Menschen.«

Das ist alles Quatsch. Reiseführerschreibergewäsch, das nur dazu da ist, Besucher hinters Licht zu führen und ihnen vorzugaukeln, dass sie hier erwünscht seien. Machen Sie sich nichts vor: Der Berliner hasst Sie, weil Sie kein Berliner sind. Er will, dass Sie zahlen und gehen. Sie hätten am besten gar nicht erst kommen sollen. Der Umsatz, den er mit Ihnen macht, interessiert ihn nicht. Geld hat ihn noch nie interessiert, seine Ruhe ist ihm viel wichtiger. Mauerfall, Wiedervereinigung, die Beliebtheit der Stadt in der Welt – das sind doch alles nur Ideen von Nicht-Berlinern gewesen. Schabowski ist aus Anklam, Krenz aus Kolberg, de Maizière aus Thüringen. Na, da weiß ich doch schon alles. Und dann reden Sie auch noch so komisch. Der Berliner kennt das alles hier noch von früher, deshalb ist er Ihnen überlegen. Ach Quatsch, nicht nur überlegen, er ist menschlich einfach viel mehr wert als Sie. Wenn's brennt, würde die Feuerwehr ihn zuerst retten. Er versteht das nicht: Er geht doch auch nicht woanders hin und guckt sich

Tourist:
»Wie komme ich denn am schnellsten zum Alexanderplatz?«

Passant:
»Rennen.«

da was an. Warum machen Sie das? Kann nicht einfach jeder bleiben, wo er herkommt? Dann hätten doch alle ihre Ruhe. Sie machen das mit Absicht. Weil Sie ihn ärgern wollen. Und weil Sie glauben, Sie wären was Besseres mit Ihrem Geld, Ihrem Auto mit dem komischen Kennzeichen oder ihrem studierenden Kind in Berlin.

Warum sollte man also nach Berlin fahren? Zum einen, weil Sie hoffentlich nicht jeden Quatsch glauben, den Ihnen ein Reiseführerschreiber im Vorwort erzählt. Sie besitzen ja wohl noch genug kognitive Würde, um sich ein eigenes Bild machen zu wollen. Zum anderen, weil hier immer noch mehr los ist als da, wo Sie herkommen. Ich habe im Keller des Stadtschlosses (vor dem Wiederaufbau) auf jahrhundertealtem Staub gestanden und zu lauter Musik Beck's getrunken (war langweilig). Fremde Mädchen haben mich nachts auf der Warschauer Brücke auf einen Schnaps eingeladen (war super). Ich war mit Klaus Wowereit beim Rainald-Grebe-Konzert (also, nicht richtig, ich war da und er auch). Ich bin am 1. Mai in eine menschliche Stampede geraten. Ich habe Essen gegessen, von dem ich nicht wusste, dass irgendetwas auf der Welt überhaupt so schmecken kann. Ich habe Menschen beim großen Durchbruch und beim großen Untergang beobachtet. Und vor allem: Ich kann hier nachts noch was zu essen bekommen. Versuchen Sie das mal in Gifhorn oder Merseburg. Da ist es ja schon eine Herausforderung, zwischen 14.00 Uhr und 18.00 Uhr etwas zu essen zu finden.

So viel zur Stadt. Und was ist jetzt mit diesem Buch? Ist das irgendwie anders als andere? Sie – ich sag jetzt einfach mal Sie, Sie sind ja nicht aus Berlin –, Sie werden die üblichen Orte hier nicht behandelt finden: Museumsinsel, Oranienburger Straße, Alexanderplatz, Potsdamer Platz, »City West«. Auch die weit

zurückreichenden historischen Ausführungen werde ich zum großen Teil vernachlässigen (»Herzog Kuno der Zerzauste verlieh der Stadt das Insinuationsrecht, das durch das päpstliche Muskat im Jahr 1473 bestätigt wurde.«). Dafür gibt es hunderte Reiseführer. Auch vollständig kann dieses Buch nicht sein. In Berlin wohnen 3,47 Millionen Menschen auf 892 Quadratkilometern. Dieses Buch hat allerdings nur 128 Seiten, viele davon ohne Text. Folglich kommen auf eine Seite 27.100 Menschen und 6,97 Quadratkilometer. Der Text hat 92.000 Zeichen. Ein einziges Zeichen muss also über 37 Menschen und einen knappen Hektar Land repräsentieren. Wie soll das gehen? Dass da selektiert werden muss, versteht sich von selbst.

Besucher:
»Wenn ich da vorne rechts geh, ist dann da das Brandenburger Tor?«

Berliner:
»Dit is da ooch, wenn se vorne nich rechts gehen.«

Stattdessen gibt es hier den subjektiven Blick eines Mittdreißigers, der seit fünfzehn Jahren in Berlin und davon seit zwölfen in Friedrichshain wohnt. Der Blick ist unvollständig, wertend, ungerecht und geprägt durch persönliche Vorlieben oder zufällige Bekanntschaften. Vielleicht hätten Sie lieber den Blick eines sechzigjährigen Charlottenburgers gehabt, der Ihnen einen »netten« Italiener am Savignyplatz und die »aufregenden« Inszenierungen eines jungen Regisseurs in der Schaubühne am Lehniner Platz empfiehlt. Oder den eines Digitalbohemien aus Mitte, der hier seinen Blog in gedruckter Form vorlegt, aber leider nicht viel mehr als einen Kaffeeladen auf der Torstraße empfehlen kann. Nun ja. Das Buch haben Sie ja jetzt gekauft. So oder so: Das Geld ist weg.

Vielleicht sind Sie aber auch selbst Berliner, vielleicht sogar hier geboren, und nur durch einen dummen Zufall an dieses Buch gekommen. Dann hab ich hier 'ne Message für dich, Keule: Geh mir nicht auf die Ketten! Du kannst hier ein bisschen herumlesen, und wenn's dir gefällt: super! Danke und schönen Gruß! Wenn nicht: leg's weg, aber schreib mir bloß keine empörten Leserbriefe, in denen du behauptest, es ja viel besser zu wissen, weil in deinem Ausweis der »richtige« Geburtsort steht. Ich lebe lange genug hier, um dir zu sagen: Schnauze ma' grade! Die Stadt ist groß genug für uns beide und sieht außerdem aus jedem Blickwinkel anders aus. Meiner steht hier, deiner nicht. Ich weiß, du glaubst, deiner ist der einzig richtige (»Dit is' eenfach so!«), aber da hab ich 'ne Neuigkeit für

dich: nee, isser nich'. Wenn du deinen Blick gedruckt sehen willst, musst du dich selbst drum kümmern, aber hier kommt er nicht rein. Jedenfalls nicht in dem Outfit.

Dann bleibt mir nur, Ihnen viel Spaß zu wünschen und Sie in herzlicher Berliner Manier in diesem Buch willkommen zu heißen: »Tach auch.«

Der Autor an seinem Lieblingsort
auf der Stralauer Halbinsel

Mein Block

Die Berliner und ihr Stadtteilpatriotismus

Der Berliner legt sehr viel Wert darauf, wo er wohnt. Er und sein Wohnort sind untrennbar miteinander verbunden und er begreift sein nächstes räumliches Umfeld als Erweiterung seiner Person. Eine Denkweise, die man sonst nur bei Naturvölkern und Campingplatzwarten findet. Seltsamerweise halten Zugezogene diese geistige Beschränkung für großstädtisch und gewöhnen sie sich ebenfalls an. Wie ein Ochse stand ich kurz nach meinem Umzug nach Berlin im Herbst 2000 vor den abschätzig blickenden Studienkollegen, die die Leistung vollbracht hatten, ein paar Monate vor mir nach Berlin gezogen zu sein und auch schon den einzig wahren Stadtbezirk identifiziert zu haben.

»Ach, du wohnst in Mitte?«, sagten sie und lächelten herablassend. »Tze. Naja, wenn dir das Spaß macht. Ich war früher auch mal so drauf.«

Hä? War Mitte ein Stadtteil für geistig Zurückgebliebene? Wie musste man denn »drauf sein«, um in Mitte zu wohnen? Hatte ich da irgendwas verpasst? Selbst wenn ich mit meinem Wohnort auf Zustimmung stieß, fühlte es sich seltsam an:

»Mitte? Find ich gut!«, hieß es dann. »Super, dass es noch Leute gibt, die sich das trauen. Und die das auch zugeben.«

Ich war schwer irritiert. Es ging hier doch nur um einen Wohnort, nicht um die Mitgliedschaft im Ku-Klux-Klan. Trotzdem gab es dafür entweder schulterklopfende Zustimmung oder verächtliche Ablehnung. Nichts dazwischen.

Mir begegnete dieser Stadtteilpatriotismus immer öfter, nicht nur bei Bekannten, sondern auch in der Populärkultur. 2003 tauchte ein bis dahin unbekannter Musiker namens P.R. Kantate auf, sang auf Kreuzbergesisch, dass er in der Nähe des Görlitzer Parks wohne (»Oh Mann, ick wohn ja nur Gorläh, Görläh«) und verschwand wieder in der Bedeutungslosigkeit. Kreuzberg war begeistert. Endlich sagt mal einer, dass er auch in Kreuzberg wohnt! Unglaublich! Das gleiche Prinzip, das später den Regionalkrimis zu Regionalerfolg verhelfen sollte, war bei diesem Lied am Werk: Der Konsument kann denken: »Die Ecke kenn ich!«, und darf sich für einen kurzen Moment so fühlen, als sei er der Mittelpunkt der Welt. Das mag der Berliner.

Noch deutlicher trat das Phänomen im Dokumentarfilm »Prinzessinnenbad« aus dem Jahr 2007 zutage. Dort wird eine der Protagonistinnen sauer, weil ihr jemand andichtet, in Reinickendorf zu wohnen. »Niemals! Ich komm aus Kreuzberg, du Muschi!«, kam es aus ihr herausgeschwappt. Dieser Satz wurde zum Werbeclaim für den ganzen Film und bald sah man ihn auf Aufklebern und Postkarten. Manche Menschen trugen ihn sogar auf einem T-Shirt vor sich her.

Der traditionell dummdreiste Berliner Gangstarap schaffte es sogar, noch eine Stufe herunterzugehen. Beim Rapper Sido beschränkt sich der Heimatstolz auf ein einziges Gebäude, sein Hochhaus im Märkischen Viertel: »Meine Stadt, mein Bezirk, mein Viertel, meine Gegend, meine Straße, mein Zuhause, mein Block / meine Gedanken, mein Herz, mein Leben, meine Welt reicht vom ersten bis zum sechzehnten Stock.«

Tja. Leider auch nicht darüber hinaus. Nicht mal ein Erdgeschoss gibt es in Sidos Welt. Und auch keine Verben im Plural. Beschränkung als Leistung.

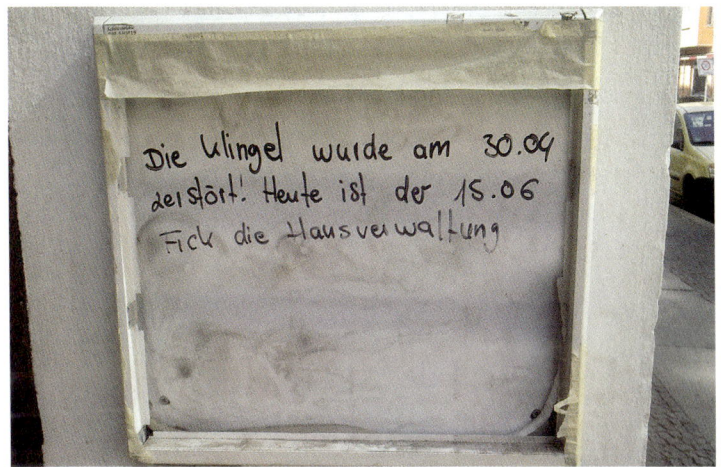

Mittlerweile ist der Stadtteilkult überall, wobei die Aussage meistens nicht lautet: »Bei uns ist es schön und wir sind nett«, sondern: »Bei uns ist es gefährlich und wir sind Arschlöcher«. Neuköllner Hipstermädchen tragen Stoffbeutel mit dem Aufdruck »Du hast Angst vorm Hermannplatz«, am Boxhagener Platz kann man T-Shirts mit dem Spruch »Keiner ist gemeiner als der Friedrichshainer« kaufen und das Spandauer Hiphop-Duo »Icke & Er« rappt: »S. P. A. N. D. A. U. – Ick komm aus Spandau, Alta, wat willst du?«

Man weiß nie so genau, was die Berliner eigentlich damit meinen, wenn sie ihren Heimatbezirk als Argument anführen. Als Argument wofür eigentlich? Wird der Spandauer in der Welt besonders geachtet? Wohnen am Görlitzer Park ausschließlich intelligente und gutaussehende Menschen? Und wird man automatisch auch so, wenn man an diesen Ort zieht? Stellt man einem Berliner diese Fragen, sagt er nur: »Dit verstehst du nich'.«

Stimmt. Er aber wahrscheinlich auch nicht. Er hätte nur gern ein Distinktionsmerkmal, und bevor man mit so komplizierten Dingen wie sozialem Milieu, Weltanschauung oder Menschenbild anfängt, nimmt man doch lieber das, was am einfachsten zu definieren ist:»Da wo ick wohne. Dit is' dit, wo ick herkomm. Da bin ick zuhause. Wem ditte nich' passt, der kann glei' jehn.«

Das ist die Berliner Version des bayrischen »Mir san mir« oder »Dahoam is' dahoam«. Sido und Konsorten stehen also den »Grainauer Heimatbuben« oder dem »Trio Alpenglühn« in nichts nach und könnten auch gut im Musikantenstadl auftreten.

Und was ist da jetzt dran? Gibt's da wirklich so große Unterschiede und welcher Bezirk steht wofür? Die lustige Berliner Bezirksparade ist schon tausend Mal in Stadtmagazinen und auf Lesebühnen totgekaspert worden und ich werde den Teufel tun, sie hier zu reproduzieren. Gehen Sie einfach hin und reden Sie mit den Menschen. Aber Achtung! Misstrauen Sie jedem, der in dieser Frage übertriebenen Eifer an den Tag legt. Und schenken Sie ganz besonders den Lügen der Kreuzberger über Friedrichshain keinen Glauben. Die sind nur neidisch, weil ihr Bezirk nicht annähernd so schön ist wie meiner.

Dieses Kapitel
gelesen von Tilman Birr

Why do Burgers suddenly appear?

Berliner Fastfood

Und er nahm das Brot,
brach es und sprach:
»Salat alles?«

(Frank Klötgen)

Die Berliner Küche ist vielfältig. Unerschöpflich sind die Varianten, die sich die Berliner einfallen lassen, wenn es darum geht, sich aus zermahlenem und wieder zusammengepresstem Fleisch ein Gericht zusammenzuinterpretieren. Fast alles in der heutigen Berliner Populärküche ist aus Häckselfleisch geformt: Currywurst, Buletten, Döner und sogar Soleier, Gartensalat und Rhabarberkuchen mit Schlagsahne. Jaja, als typische Berliner Gerichte gelten zwar Eisbein mit Sauerkraut und Linsensuppe mit Knacker, aber auf verkaufte Einheiten hin betrachtet liegt das Hackfleisch weit, weit vorne.

Während das aber bei Buletten und falschem Hasen so gehört, ist es beim Döner ein Zeichen des Verfalls. Döner Kebap muss irgendwann mal ein richtiges Fleischgericht gewesen sein. So eines, wo man beim Blick auf den Spieß auch wirklich sieht, dass da einzelne Fleischlappen draufstecken und nicht eine einzige braun-graue Masse aus fein zermahlenen Schlachtab-

fällen und chinesischen Zeitungen. Ein schlimmer Niedergang steckt hinter dieser Entwicklung. Die steigende Beliebtheit der Fleischtasche führte zu erhöhtem Konkurrenzdruck und dieser zu niedrigeren Preisen und damit zu sinkender Qualität, denn billig satt werden war den Berlinern wichtiger als gut satt werden. Sogar Wikipedia weiß: »Die Berliner Küche ist eine schlichte, rustikale Küche, die mehr Wert auf deftigen Geschmack und Sättigung als auf Verfeinerung legt.«

Es tauchten industrielle Dönerspießhersteller auf, die die Drechselfleischbomben zu hunderten billig herstellten und damit für die spätkapitalistische Vereinheitlichung sorgten, die man schon von Radiomusik, Bahnhofsliteratur und Fußgängerzonen kennt: Alles ist irgendwie gleich und um etwas anderes zu bekommen, muss man weit laufen. Im Fall des Döners heißt das: überall das gleiche Fleischimitat, überall das gleiche Brot, überall das Soßentrio Kräuterknoblauchscharf. Alles wird schon fertig gekauft und muss im Laden nur noch aufgetaut, erwärmt und zusammengekloppt werden. Im Prinzip auch nicht anders als McDonald's.

Wie wenig erwartet man vom Leben, wenn man dieses Zeug isst? Wie egal muss einem die eigene Lebensqualität sein, wie wenig Respekt hat man vor Essen, vor dem eigenen Körper und vor der Welt der sinnlichen Erfahrung? Und man bereut es jedes Mal. Kurz davor denkt man: Das muss jetzt sein! Kurz danach denkt man: Das hätte es jetzt nicht unbedingt gebraucht. Der heutige Großstadtdöner ist der fleischgewordene Puffbesuch.

Aber es gibt durchaus Hoffnung im Berliner Fastfood: Seit Ende der Neunzigerjahre ist die Zahl der arabischen Imbisse gestiegen und unter ihnen gibt es tatsächlich noch Läden, die erahnen lassen, was Döner sein könnte oder wie er früher vielleicht mal gewesen ist. Es gibt Schawarmaspieße, die vom Gastronomen selbst bestückt werden, Falafel, das vor den Augen des Kunden frisch frittiert wird, Mango- und Sesamsoße, Koriander und auch die eine oder andere

Zutat, von der man gar nicht weiß, wie sie heißt. Wow! Da ist mehr als eine Geschmacksnote in meinem Essen!

Gehen Sie also schnell zum Araber, bevor ihn das gleiche Schicksal ereilt wie die Dönerläden. Es gibt nur eine Regel: Halten Sie sich fern von Läden, die Ihnen Weiß- oder Rotkraut ins Brot rollen wollen, denn das ist eine billige Füllzutat und schon der erste Schritt zur Standardisierung. Wo Kraut ist, ist Remoulade nicht weit.

Kunde:
»Kann ich hier frühstücken?«

Und was kam aus deutscher Richtung an neuem Fastfood in den letzten Jahren? Wieder nur eine neue Hackfleischvariante: Burger. Seit zehn Jahren schießen die Burgerläden wie Pilze aus dem Boden, wobei man ihnen zugutehalten muss, dass sie angetreten sind, dem Burger eben jenen Ruf zu nehmen, den der Döner verdient, nämlich ungesunde, egal schmeckende Massenware zu sein, und einige schaffen das auch. Neben Hamburger und Cheeseburger findet man auch Baconburger, mediterranen Burger mit gegrillten Zucchini und Auberginen, Halloumiburger, Burger mit Ziegenkäse oder Mangochutney und oft steht auch Biofleisch zur Auswahl. Der Burger trägt heute nicht mehr Jogginganzug, sondern Timberland-Schuhe und ein kariertes Hemd.

Dass die Burgerläden ausschließlich von Deutschen betrieben werden, merkt man an ihren Namen: Frittiersalon, Burgermeister, Burgertum, Senta Burger, Cyrano de Burgerac, Chris de Burger, Why do Burgers suddenly appear?, Bratehalle, Bratungsstelle, Bratislover. Gut. Irgendwo muss ja dann doch ein Haken sein.

Gute arabische Imbisse

■ **Zweistrom**
  Kollwitzstraße 104, Prenzlauer Berg

■ **Babel**
  Kastanienallee 33, Prenzlauer Berg

■ **Almayas**
  Grünberger Straße 75, Friedrichshain

Burger

■ **Frittiersalon**
  Boxhagener Straße 104, Friedrichshain
  Einer der ersten und bis heute einer der besten Burgerläden Berlins. Alles Bio, jede Woche einen neuen »Burger der Woche«.

■ **Burgermeister**
  Oberbaumstraße 8 (unter der Hochbahn am U-Bahnhof Schlesisches Tor), Kreuzberg
  Leider nur ein Stehimbiss, aber die Burger sind herausragend.

Dönerläden,
bei denen kein Pressfleisch, sondern ganze Fleischstücke auf dem Spieß hängen

■ **Köylü Döner**
  Paradiesgasse 65, Frankfurt am Main

■ **Arkadas Döner**
  Maximilianstraße 64, Augsburg

Dieses Kapitel gelesen von Tilman Birr

Zweierlei
Friedrichshain

Die Warschauer Brücke bei Nacht ist ein Lehrstück in Sachen Verhalten in der Großstadt: Wer stehen bleibt, verliert. Hier ist alles unterwegs: Wilde Mobs von feierwütigen Touristen und Einheimischen oder auch ganz allgemein Arschlöchern (dem sogenannten Warschauer Pack) treffen dort aufeinander und es schlägt gern mal Funken. Hier ist Berlin unverfälscht und echt: Menschen laufen auf und ab, reden laut mit sich selbst oder mit Leuten, die gar nicht da sind. Eishockeyfans kommen aus der nahen Mercedes-Benz Arena und wollen die eben gesehenen Bodychecks mal an eishockeyfernen Milieus ausprobieren. Dealer fühlen sich respektlos behandelt, wenn man bei ihnen keine Drogen kaufen will. Es riecht nach Sternburg und Hanf. Zu allem Überfluss steht da auch noch ein Musiker mit E-Gitarre und Verstärker und jammert in sein Mikrofon, dass seine Liebste vielleicht diejenige sei, die ihn retten könne, denn schließlich sei sie seine »Wundermauer«. Eine Information, die man jetzt überhaupt nicht gebrauchen kann.

Aber es gibt auch hier noch Menschen, die versuchen, auf ehrliche Weise ein Auskommen zu finden. Vor dem Eingang zur S-Bahn sitzen die Punks und haben auf ein Pappschild geschrieben, wofür sie das erbettelte Geld brauchen: »For Beer and Weed«.

Kurz gesagt: Wenn Sie einen Landmenschen, der zum ersten Mal in der Großstadt ist, richtig panisch machen wollen, fahren Sie mit ihm an einem Samstagabend um Mitternacht zur S- oder U-Bahn-Station Warschauer Straße und rennen Sie dann weg. Angeblich hat sich Rüdiger Nehberg hier schon mal von einem Hubschrauber absetzen lassen, nackt, nur mit einem Messer ausgestattet und ohne Berlinerischkenntnisse. Ein

Suchtrupp fand den Vermissten zwei Monate später zerzaust, müffelnd und betrunken in »Paules Metal Eck«, wo man ihn für einen der ihren gehalten und ihm angeboten hatte, unter dem Billardtisch zu schlafen.

Vielleicht habe ich jetzt etwas übertrieben. Es ist eigentlich gar nicht so schlimm hier, sofern man ein paar einfache Regeln befolgt: Fragen Sie hier nicht nach dem Weg, Sie werden in die falsche Richtung geschickt. Bleiben Sie nicht stehen, Sie werden umgerannt. Bieten Sie niemandem Ihre Hilfe an, es sei denn, er ist in echter Not.

Eine unlängst beobachtete Szene: Zwei Mädchen wollen auf der Warschauer Brücke ein Foto von sich machen, das Telefon am ausgestreckten Arm haltend (vulgo »Selfie«). Dabei bewegen sie sich so umständlich, dass ihnen das Gerät aus der Hand fällt. Ein vorbeilaufender Herr ähnlichen Alters sieht das und bietet seine Hilfe an:

»Kann ich euch helfen?« »Was willst du?«

»Soll ich vielleicht ein Foto von euch machen?«

»Dann isses kein Selfie mehr, du Spast!«

Es gilt die unausgesprochene Übereinkunft: Ick quatsche dir nich' an, dafür quatschst du mir ooch nich' an.

Ganz anders ist es eine Brücke weiter: Auf der Modersohnbrücke kann man auch nachts sitzen und vergleichsweise entspannt dem Stadtlärm lauschen. In Berlin gibt es kein Meer und keine Berge, deshalb genießen die Friedrichshainer hier den Ausblick über viele Kilometer Gleisbett. Beruhigend rauscht die S-Bahn unter ihnen. Es riecht nach Sternburg und

Hanf. Der riesige Werbebildschirm der Mercedes-Benz Arena haucht sanft seine Ankündigung ins Azurblau: »Täglich Mario Barth. Zwei Shows am Tag. Junggesellenabschiede willkommen!« Hinterm Fernsehturm geht die Sonne unter.

Am Boxhagener Platz treffen sich beide Welten, am besten sonntags zu beobachten, wenn hier Flohmarkt ist. Er ist kaum ein Fünftel so groß wie sein großer Bruder am Mauerpark, da-

Flohmarkt am Boxhagener Platz

für auch nur ein Fünftel so anstrengend. Die Grünanlage auf dem Platz hat sich die Sternburgfraktion erobert. Spanische Jongleure mit Wursthaaren (vulgo »Dreadlocks«) und nacktem Oberkörper werfen ihre Spieße in die Luft. Studenten sitzen um die Gitarre. Ein Kleinkind spielt mit Kronkorken. Es riecht nach Sternburg und Hanf. Nur die hauptberuflichen Boxisitzer sitzen auf den Bänken und finden alles »schäyße«. Sie sind die ganze Woche über hier, aber den Sonntag mögen sie nicht so, da sind ihnen zu viele Leute auf dem Platz.

Der Flohmarkt wabert um dieses Freizeitforum herum. Ein Entrümpler verkauft Omas gerade wieder auf den Markt gestorbene waldgrüne Veloursitzgruppe an ein junges Paar, das sich damit die erste gemeinsame Wohnung einrichtet. Finster

dreinblickende Menschen auf Mission versuchen, Aufnäher mit endgültigen politischen Botschaften an den Mann, die Frau oder den Menschen irgendwo dazwischen zu bringen. Ein Verkäufer hat seinen Hund dazu verdonnert, den ganzen Tag lang eine Sonnenbrille und eine Mütze zu tragen. Nun sitzt der Hund hinter der Auslage und ist der coolste Typ des Markts. Ein Mann riecht wie sein Produkt, er verkauft Räucherstäbchen. Dazwischen: alte Musikinstrumente, Bücher und Hausrat und sehr, sehr alte Elektronik.

Paules Metal Eck

An einer Ecke gibt es auch einen Currywurststand, denn eine Outdooraktivität ohne Currywurst ist in Berlin von vornherein zum Scheitern verurteilt. Die westliche Seite des Platzes ist für Musikdarbietungen reserviert. Ein Swingtrio fuddelt Soli in die wabernde Masse, ein paar Menschen bleiben stehen und tippen angeregt mit dem Fuß. Zwanzigjährige Ethnologiestudentinnen tanzen barfuß den Tanz, den sie während ihres dreimonatigen Togo-Aufenthalts gelernt haben.

An den Seiten des Platzes sitzt das Bürgertum und brunchet. Das Qualitätsbewusstsein steht zwölf Euro weit offen und vertilgt mit Freude das, was die Gastronomen die Woche über nicht losgeworden sind und nun in Soße getunkt in Edelstahlbottichen zu einem Buffet aneinandergereiht haben. Ein DDR-Bürger läuft unruhig auf und ab und sagt immer wieder: »Vor zwanzäh Jahren sah dit hier noch andas aus. Vor zwanzäh Jahren sah dit hier noch andas aus. Vor zwanzäh Jahren...« Schön hier. Sonntags fühlt sich der Boxhagener Platz an, als wäre man im Urlaub.

Wenn Sie allerdings auf Standard-Inder, das übliche Café-Essen in zu kleinen Portionen oder Neon-Cocktail-Bars stehen, die man in Vellmar oder Gütersloh für großstädtisch hält, dann gehen Sie nach nebenan auf die Simon-Dach-Straße. Hier gibt es zwar viel Zeug, aber wenig Besonderheiten. Mit Ausnahme von zwei sehr guten Asiaten und »Paules Metal Eck«. Dieser Laden ist noch original aus den Neunzigerjahren übrig geblieben, und wenn Sie Lust auf ein Abenteuer haben, gehen Sie mal hinein und bestellen Sie einen Hugo oder einen Vanilla Flavored Double Shot Latte Macchiato. Vielleicht finden Sie ja auch Herrn Nehberg noch unterm Billardtisch.

Dieses Kapitel
gelesen von Tilman Birr

■ **Lemongrass**

Simon-Dach-Straße 2

Gute südostasiatische Küche, viele Curryvarianten,
Suppen und Nudelgerichte

■ **Lemon Leaf**

Grünberger Straße 69
(an der nordöstlichen Ecke des Boxhagener Platzes)

Kambodschanische, laotische und vietnamesische Gerichte mit
frischen Zutaten und ohne einen einzigen Rechtschreibfehler in
der Speisekarte.

■ **Paules Metal Eck**

Krossener Straße 15 (Ecke Simon-Dach-Straße)

Der Name sagt alles.

■ **Fargo**

Grünberger Straße 77

Anständige Kneipe mit anständigem Bier und anständigem Essen,
unaufgeregt und entspannt. Raucherraum.
Blick auf den Boxhagener Platz.

■ **Hops & Barley**

Wühlischstraße 22/23

Mikrobrauerei mit sehr gutem Bier,
Fußballübertragungen, Raucherraum.
Oft sehr gut besucht.

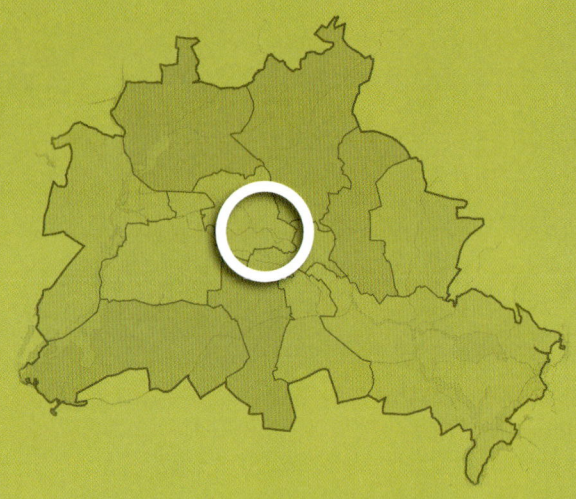

Ach, die Neu, Neu, Neunzigerjahre (Mitte)

Machen Sie folgendes Experiment: Stellen Sie sich vor das Haus Rosenthaler Straße 68 in Mitte und stellen Sie sich folgendes vor: Die Fassade ist tiefgrau und bröckelt. Die Fenster im Erdgeschoss sind zugemauert, überall kleben Plakate. Das Haus steht frei, links und rechts sind nur Brachflächen, auf denen Bauschutt und viel Metallschrott liegt. Über dem Eingang, da wo sonst ein Schild mit dem Namen der Lokalität hängen sollte, hängt ein von innen beleuchteter roter Plastikeimer. Aus einem geöffneten Fenster im ersten Stock hört man zwei Menschen laut auf Polnisch streiten. Im Inneren fehlt der Boden im Erdgeschoss fast vollständig. Man steht im Keller und schaut auf die Band, die im Parterre spielt. Zu Skulpturen zusammengeschweißtes Metall, viel Schwarzlicht, ein klappriges Treppenhaus und im Obergeschoss eine einzige Toilette, vor der nur ein Vorhang hängt.

Fällt Ihnen schwer, sich das vorzustellen? Mir auch. Der »Eimer« war eines der ersten und eines der letzten besetzten Häuser in Berlin. 2001 wurde er geschlossen, damit endeten die Neunzigerjahre in Berlin. Als ich im Herbst 2000 nach Berlin zog, war für mich nur noch ein angebissenes Stück vom Kuchen der Neunzigerjahre übrig. Den Rest hatten andere schon gierig verschlungen. »Berlin ist echt nicht mehr wie früher«, sagten mir Leute, die zehn Jahre älter waren als ich. »Wer jetzt da hinzieht, hat's eigentlich gar nicht verstanden.« Dann kamen Geschichten von brennenden Mülltonnen am Hackeschen Markt, von nicht nur besetzten Häusern, sondern ganzen besetzten Straßen, von einer Stadt voller temporärer Kneipen und Clubs, die für ein paar Wochen in den Kellern baufälliger oder verlassener Häuser betrieben wurden. Dreißigjährige klangen wie Opas, die von harten, aber schönen Zeiten erzählten.

Zeiten, in denen vieles egal war, in denen Männer noch Männer sein durften und in denen es »diese ganzen anderen Leute hier noch nicht gab«. Das ganze Damals-Bullshit-Bingo gingen sie durch: »Das war früher normal«, »Das kennst du nicht mehr« und »Das könnt ihr euch gar nicht mehr vorstellen«. Immer mit dem Respekt einfordernden Unterton: »Ich hab das erlebt! Ich bin besser als du!«

Mit späterer Stunde und leererem Glas kamen Larmoyanz und Schuldzuweisungen. Dass es nie, nie mehr so sein wird wie früher und dass alle diejenigen daran schuld seien, die nach ihnen nach Berlin gekommen sind. Ich fühlte mich dann immer wieder wie ein Sechsjähriger, der sich fragt, warum der Opa immer so wütend und traurig ist. »Lass den Oppa, der war im Krieg«, hörte ich meine Oma hinter mir zischeln.

»Es roch nach Ofenheizung und nach Gras / Es gab nur Kneipen, keine Szenebars«, singt die Band »The Incredible Herrengedeck« über die Neunzigerjahre und bezieht sich damit – halten Sie sich fest! – auf den Bezirk Prenzlauer Berg.

Gehen Sie nun ein paar Ecken weiter die Torstraße hinunter bis zum Haus Ackerstraße 169. In diesem Haus befindet sich der »Schokoladen«, ursprünglich auch besetzt, dann geduldet, dann lange gefährdet und seit 2013 gerettet: Eine Schweizer Stiftung hat das Haus gekauft und vermietet es an die Betreiber weiter.

Sehen Sie sich die Fassade an: So hat ganz Ostberlin ausgesehen, nur noch etwas zerbröselter. Merken Sie sich den Anblick dieser Fassade, am besten machen Sie ein Handyfoto und sehen sich das immer wieder an, wenn Sie durch Mitte laufen. Allesallesalles sah so aus: die Oranienburger Straße, wo heute der fancy Cocktailinder neben dem schicken Italiener liegt, die Kastanienallee, die so eine Art Oranienburger Straße light geworden ist, der Hackesche Markt. Nur wenige Häuser, wie etwa in der Gegend um den Kollwitzplatz, wurden schon in den Achtzigerjahren saniert.

Auch im Inneren des Schokoladens kriegt man noch einen Hauch davon mit, wie man in den Neunzigern Kneipen betrieben hat: Bühne rein, ein paar Tische und Sofas rein, Tresen rein und auf geht's. Der halbe Liter Bier kostet keine drei Euro, die Veranstaltungen heißen »Der wilde Gitarrentresen« oder »Die queere Punk-Elektro-Nacht«, es gibt viel Livemusik, und jeden Dienstag findet hier die Lesebühne »LSD – Liebe statt Drogen« statt, selbst Kind der Neunzigerjahre, die das geschafft hat, was die »Früher«-Opas nicht geschafft haben: ihre gute Laune von damals ins Jetzt hinüberzuretten. Deshalb haben die fünf Herren über vierzig, die hier jede Woche neue Texte lesen, auch ein Publikum von 120 Leuten Mitte zwanzig. Womit? Mit Recht!

Sonst gibt es diese Zeit höchstens noch in den Neuköllner Altmöbelbars, wo die Kinder gern Neunziger spielen. Als Retrotrend. Die jungen Leute. Die, die nach mir nach Berlin gekommen sind. Die wissen nämlich gar nicht mehr, wie das früher wirklich war.

»Da drin ham wir früher Technoparty gefeiert«, sage ich heute und zeige auf die Filiale der Berliner Sparkasse am Hackeschen Markt. Oder ich stehe auf der Oranienburger Straße, zeige auf das Lokal im Erdgeschoss des »Tacheles«, in dem früher das »Zapata« war, und sage: »Da konnte man früher Gras kaufen. Über der Bar war so ein Metallviech, das alle paar Minuten

Feuer gespuckt hat. Das könnt ihr euch heute gar nicht mehr vorstellen.«

Oppa erzählt wieder vom Krieg. Er war zwar nur kurz Flakhelfer, aber er glaubt, er wäre so richtig dabei gewesen.

Mitteuntypische Orte in Mitte

■ **Schokoladen**
Ackerstraße 169 (siehe S. 35)
www.schokoladen-mitte.de

■ **Zosch**
Tucholskystraße 30 (S Oranienburger Straße)
Oben Essen und Bier (zu Mitte-üblichen Preisen),
unten Gewölbekeller mit Bühne und fast täglichen Konzerten.
www.zosch-berlin.de

■ **Pizzeria Piccola Italia**
Oranienburger Straße 6
Stehpizzeria mit echter deutscher Neunzigerjahrepizza (auch gern mal mit Mais, Paprika und Hähnchenbrust), zubereitet von Arabern. Nicht fancy, nicht aufgedreht und kein Aperol-Spritz-Publikum, das ständig »Wie in Italien!« ruft.

■ **Gaststätte W. Prassnik**
Torstraße 65 (U Rosa-Luxemburg Platz)
Anständige Raucherkneipe ohne Schnickschnack. Nennt sich selbst »die perfekte Emulation einer HO-Gaststätte«.
www.mangelwirtschaft.de

■ **Schmittz**
Torstraße 90
Fußballkneipe mit Tischtennisplatte
www.schmittz.de

Dieses Kapitel
gelesen von Tilman Birr

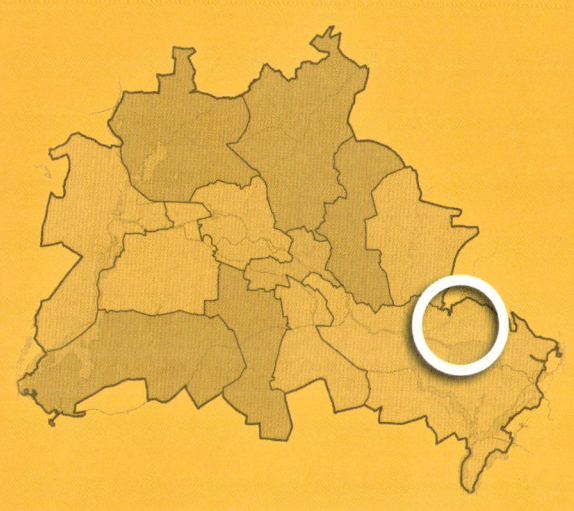

Hidden Track:

Friedrichshagen

Brandenburg ist schon schön. Mit seinen Alleen, seinen sandigen Kiefernwäldern, seiner Backsteingotik. Nur der Kontakt mit seinen einfachen, ehrlichen Menschen fällt dem Besucher noch etwas schwer, denn er versucht zwar, sich leutselig zu geben, fühlt sich aber wegen seiner hochdeutschen Aussprache und seines auswärtigen Autokennzeichens

immer wie ein arroganter Kolonist. Das ist jetzt vorbei, denn für alle, die Brandenburg mögen, sich aber ungern mit Brandenburgern umgeben, gibt es Friedrichshagen. Dieser zwischen Wald und Müggelsee gelegene Stadtteil Köpenicks gehört zwar zu Berlin, aber das merkt man gar nicht.

Friedrichshagen sieht aus, wie sich gut situierte Westdeutsche ganz Brandenburg wünschen: eine eher kleinstädtische als dörfliche Struktur mit Kirche, Platz und Denkmal für – ratensemal! – Friedrich II. in der Mitte, eine feini-feini hergerichtete breite Hauptstraße, auf der die Straßenbahn fährt und die Autos Tempo 30 einhalten müssen.

Schöne, aber nicht zu große Häuser aus 300 Jahren, anständige Cafés und Restaurants mit anständigem Essen. Blumenläden, Buchläden, Inneneinrichtungsläden. Nun gut: Vielleicht gibt es auch mal eine Drogerie, aber sonst ist der Einzelhandel of Death völlig abwesend: kein Ein-Euro-Laden, kein Automatencasino, kein Puff, kein Goldankauf, kein Handyladen. Nicht einmal eine räudige Dönerbude gibt es in Friedrichshagen.

Am einen Ende des Ortes fährt die S-Bahn, die einen schnell nach Berlin bringt, am anderen Ende liegt der Müggelsee mit Wald und Strandbad. Außerdem viel alte Bausubstanz, die richtig fett Asche bringt, wenn man sie renoviert und vermietet. Ja, nun gut, es steht da auch ein bisschen Fünfzigerjahrearchitektur herum, aber so ein bisschen soziales Lokalkolorit im Reservat ist für unseren Ort ja auch eine Zier.

Die Nebenstraßen sind voll mit Gärtchen und alten Häuschen und allem, was man für das gute Leben auf dem stadtnahen Land so braucht: podologische Praxen, Wellnesseinrichtungen im Kleinformat, Kindertagesstätten, Kunstschreinerhandwerk, Individualgastronomie, und eine ganze Reihe bildender Künstler wohnt und arbeitet in Friedrichshagen. Immobilienmakler in Camp-David-Hemden sitzen vor Cafés auf den Motorhauben ihrer Mazda-Leichtsportwagen und unterhalten sich kumpelhaft mit ihrer Sekretärin. Kinder kommen mit braunen Würsten in der Hand vom Kindertöpfern, und weil es hier ja so schön ruhig ist, ist Oma gleich mit hierhergezogen. Friedrichshagen ist ein Mehrgenerationenstadtteil. Ein Stadtteil ohne Junggesellenabschied, weil sowieso alle schon verheiratet oder

noch nicht im heiratsfähigen Alter sind. Dass es das überhaupt gibt: ein Berliner Außenbezirk ohne Außenbezirksmenschen. »Messerstecherei in Friedrichshagen« wird man wohl genau so selten in der Zeitung lesen wie »Massenschlägerei in der Philharmonie« oder »Montserrat Caballé singt im Ring-Center«. Xaremaso: Was das Bonuslevel im Computerspiel, was der Hidden Track auf dem Musikalbum, das ist Friedrichshagen für Berlin. Und wen Friedrichshain überfordert hat, der kann nach Friedrichshagen zur Hot-Stone-Massage.

Gute Orte in Friedrichshagen

■ **Mauna Kea**

Bölschestraße 44

Café und Restaurant. Mo-So, 8 – 23.30 Uhr
www.mauna-kea.de

■ **Kneipenfest**

Livemusik in einem Dutzend Friedrichshagener Kneipen,
jedes Jahr an einem Samstag im März und September.
www.tkt-berlin.de

■ **Bölschefest**

Straßenfest auf der 1,2 km langen Bölschestraße,
immer am zweiten Maiwochenende.
www.laubinger.de

Der Späti

Kioske, Trinkhallen, Wasserhäuschen oder Buden hat jede Stadt. Berlin aber hat Spätis. Nein, Späti ist kein Eigenname, die Bezeichnung geht nicht auf den Schweizer Unternehmer Urs Späti zurück, der als Erster die Idee hatte, Gemischtwarenläden rund um die Uhr zu öffnen. Das Wort hieß ursprünglich »Spätverkaufsstelle« und war eine Erfindung der DDR. Nach der Wende wurde das Wort privatisiert und aus Ersparnisgründen immer weiter heruntergekürzt: erst auf »Spätverkauf«, dann auf »Spätkauf«. Die Berliner mit ihrer Marotte, alles mit i abzukürzen (der auch schon Kotti, Görli, Boxi und Wowi zum Opfer gefallen sind), machten daraus den Späti.

Im Späti gibt es Dinge des nächtlichen Bedarfs. Auch tagsüber. Aber vor allem nachts, wenn die Kaufhalle schon zu hat. Der Späti rettet dich aus der Not. Man steht am Herd, das Wasser kocht schon, da merkt man, dass man noch gar nicht eingekauft hat: Späti. Oma hat Geburtstag und man hat noch kein Geschenk: Späti. Man ist mit einem gerade kennengelernten Menschen auf dem Heimweg und ist noch nicht betrunken genug für das, was gleich folgt: Späti. Er nimmt die Rolle ein, die im Rest Deutschlands die Nachttanke innehat, mit dem Unterschied: Auf eine Nachttanke in Oppenheim oder Bergneustadt kommen mehrere tausend Bewohner, auf einen Berliner Späti nur fünfhundert. Er ist überall, jedenfalls in Wohngegenden innerhalb des S-Bahn-Rings, und es hat sogar schon Fälle gegeben, in denen eine Designerboutique zumachen musste und ein Späti in den Laden einzog. Mit Bier ist einfach mehr Geld zu machen.

Wie in Italien der Espresso kostet das Sternburg Export in Berlin achtzig Cent und wird zu jeder Tageszeit genossen. Wenn ein Italiener auf der Straße einen Bekannten trifft, nehmen sie zusammen schnell ein Espressöchen und zehn Minuten später geht jeder seiner Wege. Ähnlich der Berliner: Trifft er auf der Straße seinen Kontaktbeamten, trinken sie schnell einen halben Liter Sternburg Export.

Mindestens zehn Sorten Bier hat jeder Späti im Angebot, meistens mehr. Damals, Anfang der Nullerjahre, als es noch nicht so verbreitet war, waren die Spätis die Ersten, die Augustiner und Tannenzäpfle, später auch Tegernseer verkauften. In den Getränkemärkten und Kneipen der Stadt hatte man noch nie von dieser Speerspitze der Braukunst gehört, von diesem Manna aus Hopfen und Malz, diesem Nektar aus der Hand des Gambrinus. Es gab nur Berliner, Beck's und, wenn's hoch kommt, noch Veltins. Wir hatten ja nichts damals. Der türkische Spätibetreiber aber bot einem damals schon die ganze Palette abendländischer

Braukunst plus Efes. Rauchbier aus Franken, Tyskie und Lech aus Polen, Duvel aus Belgien, San Miguel und Estrella aus Spanien, Moretti und Nastro Azzurro aus Italien und zum Glück niemals Kronenbourg aus Frankreich. Nahm man sich ein Augustiner aus dem Kühlschrank und trat damit an die Kasse, sagte er: »Ey, du weißt auch, welsche ist beste Bier.« Ja, mein Freund. Isch weiß sehr wohl, welsche ist beste Bier. Isch weiß auch, welsche ist beste Laden für Bier kaufen.

Das ist doch der eigentliche Grund, warum Berlin in der Welt so beliebt ist. Kunst, Szene, Clubs, Techno, Theater, das ist doch alles nur Beiwerk. Ohne Alk hält man das Zeug ja sowieso nicht aus. Billiger Alkohol, darum geht's. In Schweden zahlt man sich für ein bisschen Bier dumm und dämlich. In den USA darf man erst mit 21 Alkohol trinken, ein Alter, in dem die meisten Europäer ihre schlimmsten Abstürze schon hinter sich haben. In der Schweiz ist öffentliches Spaßhaben sogar ganz verboten. In Berlin dagegen darf man auf der Straße Alkohol trinken und muss dafür nicht älter sein als sechzehn. Für die Abendunterhaltung reichen fünf Euro, von denen man Bier kauft und sich damit in den Park setzt. Kein Wunder, dass die Straßen voll liegen mit achtzehnjährigen Amerikanern, die in Berlin endlich das sündenhafte Babylon gefunden haben, von dem ihnen die puritanischen Pastoren immer erzählt haben. Wer kiffen will, fährt nach Amsterdam. Wer kiffen und trinken will, fährt nach Berlin. Armes Baden-Württemberg, wo man zwischen 22 und 5 Uhr außerhalb von Gaststätten überhaupt keinen Alkohol kaufen kann. Das liegt wahrscheinlich aber auch am Mentalitätsunterschied. In Berlin hat man den schwäbischen Wahlspruch nie verstanden. »Schaffe, schaffe, Häusle baue«? Wieso'n das? Erst viel arbeiten und dann auch noch bürgerlicher Spießer werden? Nee, danke. »Schaffe, schaffe, Häusle versaufe.« Ja. So klingt das richtig. Das ergibt Sinn.

Gab's doch früher nicht!

Wer ist schuld an
der Gentrifidingsbums?

Ein Gespenst geht um in Berlin, das Gespenst der Gentrification. Dieses soziologische Schlaumeierwort bezeichnet die Aufwertung eines innenstadtnahen Wohngebie-
tes und den damit verbundenen Austausch der Bewohner. So
würde es der Soziologe ausdrücken. Mittlerweile kennt es jeder Stammtischbrüllaffe, wobei außerhalb des soziologischen
Elfinnen- und Elfenbeinturms lieber das Wort »Gentrifizierung« verwendet wird. Ein ähnlich beknacktes Wort wie »Back
Shop« oder »Recyclinghof«.

Die Soziologie mit ihrem Drang, alles in Schemata zu pressen,
um danach sagen zu können: »So einfach isses ja nich'«, hat
sich ein Phasenmodell ausgedacht, um diesen Prozess ideal-
typisch zu beschreiben. Demnach befindet sich das in Frage
stehende Viertel zu Beginn in einem Zustand friedlichen Verfalls: Der letzte russische Panzer ist gerade um die Ecke gefah-
ren, die Öfen heizen die Wohnungen auf maximal 14 Grad, es
gibt nur Fassbrause und Sauerkohl, die Mieten sind im Keller
und spielen dort mit den Ratten und den Asseln.

Dann allerdings kommen ein paar Künstler und Studenten, die
heruntergekommene Ladenlokale anmieten, im Hinterzimmer
ihre Ateliers einrichten und im Vorderraum eine konzessions-
lose Bar einrichten, in der sie ihren zusammengeschweißten
Stahl ausstellen und warmen Weißwein verkaufen können.
Das finden viele Leute so toll, dass immer mehr kommen und
es ihnen gleichtun. Die Pionierphase beginnt: Kneipen eröffnen, die es woanders gar nicht geben könnte. Schriftsteller
machen Literaturshows im Puff, in Hinterhöfen finden kambodschanische Kurzfilm- und Ausdruckstanzfestivals statt,
Kunstaktivisten wälzen sich auf der Straße in Schlachtabfäl-
len, um damit die Überflussgesellschaft auf das Schicksal der

westnepalesischen Yakbauern aufmerksam zu machen, über die man hier im ach so aufgeklärten Westen immer noch zu wenig weiß. Neue Technostile entstehen, auf die die Welt lange gewartet hat. Wer als Student hierherzieht, bricht nach drei Monaten sein Studium ab und wird DJ und bisexuell.

Irgendwann haben die Studenten ausstudiert und die Künstler den Durchbruch geschafft. Das ist der Anfang vom Ende: Die Nachfrage nach Wohnungen mit Heizung und fließendem Wasser steigt, Normalos ziehen zu, Hausbesitzer merken, dass hier ein paar flotte Euros zu machen sind, renovieren die Häuser, heben die Mieten an und mahnen jeden Mieter ab, der Licht im Keller brennen lässt. Vierzigjährige Businesstypen kaufen Bars, in denen sie am Tresen sitzen und mit ihrem finanziell abgesicherten Ausstieg aus der Werberwelt angeben. Kalle, Keule und Klumpe können ihre Wohnungen nicht mehr halten, dafür kommen Berenike, Maurice und Herr Hämäläinen. Und viele Klischees über Alt- und Neubewohner.

Die Spirale dreht sich nach oben: Aus Gasetagenheizungen werden Fußbodenheizungen, aus Kneipen sogenannte »Edelitaliener« (mal ganz was anderes!), und wo früher ein Aufzug war, stehen jetzt zwei promovierte Politologen mit einer Sänfte. Große Ketten, denen die Ladenmieten egal sind, eröffnen

an jeder Ecke ihre gesichtslosen Niederlassungen: American Apparel, McDonald's, SushiMushi und »Krause – der Havellandbäcker«.

Zuletzt tritt ein chinesischer Großkonzern auf, der der Stadt eine nahegelegene Brachfläche abkaufen will, um dort ein Outlet-Shoppingcenter, eine Veranstaltungshalle, mehrere Bürohäuser sowie ein Musicaltheater für die Hundeschlittschuhshow »Golden Retrievers on Ice« zu bauen. Als Gegenleistung für diese Aufwertung fordert der Konzern von der Stadtregierung Fördergelder auf 100 Jahre und außerdem die Räumung der Strandbars und Freakspielwiesen, die sich die städtische Bohèmeguerilla im letzten Jahrzehnt dort aufgebaut hat. Die Stadt stimmt zu, schickt Polizei und Bulldozer, und stellt nach drei Monaten fest, dass der fünftausendseitige Vertrag und ein kompliziertes Geflecht von Unterfirmen den Konzern von allen Steuerpflichten befreit.

Damit ist das Schicksal des Viertels besiegelt: Die Mieten sind auf monegassischem Niveau, die Infrastruktur besteht praktisch nur noch aus Starbucks und nach zehn Uhr abends kriegt man nichts mehr zu essen. Mit anderen Worten: Das Viertel ist für'n Arsch.

So weit das Modell.

Seltsame Dinge taten sich rund um das Phänomen der Gentrifizierung. Menschen zogen der kreativen und alternativen Atmosphäre wegen in schicke Neubauten, die direkt neben jahrzehntealten Clubs und Kulturzentren entstanden. Sobald sie dort wohnten, merkten sie, dass es das, was sie suchten, nicht ohne nächtliche Betriebsamkeit gab, und klagten diese Clubs in ein paar Monaten in den Ruin – so geschehen mit dem »Knaack« auf der Greifswalder Straße, aber bei weitem nicht nur dort. Eine neue, miese und schlecht gelaunte Elite kam an die Macht: die Anwohner. Ein paar wenige konnten allein kraft ihres Wohnortes hunderten den Spaß versauen und ganze Branchen aus einer Straße vertreiben. Wenn es um die Nachtruhe geht, kommt die Demokratie an ihre Grenzen.

Der Senat, dem mehr an schnellem Geld als an der Einzigartigkeit seiner Stadt gelegen ist, beförderte diesen Verlangweilungsprozess mit Ideen wie dem Investorenprojekt Mediaspree, dessen Ziel es ist, am Spreeufer zwischen Friedrichshain und Kreuzberg möglichst viele Verbrecherkonzerne anzusiedeln, und damit das zu beseitigen, was Berlin zu Berlin gemacht hat. Die legendäre »Bar25« oder das »Kiki Blofeld« sind dem schon zum Opfer gefallen, dafür sitzen am Spreeufer jetzt Coca Cola, BASF, Daimler (inklusive drehendem Stern auf dem Dach), die Mercedes-Benz Arena, ein paar Autohäuser und Hotels. Fehlt eigentlich nur noch Heckler&Koch.

Aber auch bei Alteingesessenen tat sich Seltsames. Dinge, die gleichzeitig mit der Gentrification auftauchten, wurden mit ihr in kausalen Zusammenhang gestellt, wenn nicht sogar für sie verantwortlich gemacht. Die Witze über Latte Macchiato trinkende Prenzlauerberger sind Legion, das Kaffeegetränk wurde zur Chiffre für steigende Mieten und Verbürgerlichung, dabei ist es nur ein Espresso mit viel Milch. Hipster, Frauen mit Kinderwagen, Zugezogene, süddeutsches Bier, Restaurants mit ausländischem Essen, Mietfahrräder – alles Mögliche war auf einmal schuld an der Verdrängung, egal ob es mit viel oder wenig Geld in Verbindung stand. Manchen gilt bereits das Ent-

Gentrifizierung im Prenzlauer Berg

sorgen eines Hundehaufens als erster Schritt hin zum Bewohneraustausch. Wenn dein Hund irgendwo hinscheißt, lässt du das gefälligst liegen, du Yuppiearschloch! Wir sind hier ja nicht in München!

Die trendige Vulgärgentrificationkritik lässt sich auf die Formel bringen: »Die Hipster, die Touris, die Schwaben und generell alle, die noch nicht so lange hier sind wie ich, sind schuld daran, dass sich die Stadt nicht so entwickelt, wie ich es gerne hätte.« Ein sich links gebendes Milieu propagierte plötzlich Neophobie und Fremdenfeindlichkeit mit allem Drum und

Dran: Autos, Umzugs- und sogar Kinderwagen wurden angezündet, es gab Stinkbombenangriffe auf Restaurants, deren Publikum hier angeblich nichts zu suchen hätte. In der Rykestraße, in Laufdistanz zur Synagoge, tauchten Graffiti auf: »Kauft nicht bei Schwaben«. Bald ging es nicht mehr um steigende Mieten, sondern um konkurrierende Lebensstile, um die Frage nach dem »richtigen« Leben und den Anspruch auf Deutungshoheit.

»Halt, halt!«, riefen die Soziologen aus ihren hochgewölbten gotischen Zimmern unruhig vom Pulte. »Guckt doch erst mal, wie die Mieten stehen und wer da wohnt! Ein neues Mischungsverhältnis von Milch und Kaffee ist doch noch keine Gentrification! Und wieso sollen denn nur Zugezogene schuld sein? Es gibt doch auch Berliner, die gern in sanierten Wohnungen wohnen. Und vielleicht sollte man auch mal die Rolle der Politik betrachten, die ist ja auch nicht ganz unschuldig an der Entwicklung!«

»Schnauze, du Vorel«, riefen die Hater zurück. »Du bist doch selber einer von denen, du Studierter. Du hast noch Milchschaum am Mund.«

Und wo ist diese Gentrifizierung? Kann man die sich irgendwo ansehen? Als Paradebeispiel gelten die Gegenden um Kollwitzplatz und Helmholtzplatz in Prenzlauer Berg. Viele kleine Lädchen, Boutiquechen, Shöpchen und Restauröngchen, wo sich das Rucolamilieu richtig wohlfühlt. Handgestrickte Kin-

dermode, handgehämmertes Vintagekochgeschirr, Secondhand-Designerklamotten oder eine »Agentur für Business Feng Shui«. Und im Hinterzimmer vom Späti kann man Hundeyoga machen. An den Fassädchen hängen Balkönchen, vor den Türchen stehen SUVchen und beim holzvertäfelten Bäcker in der Dunckerstraße kann man jeden Morgen diesen einen Schauspieler da treffen. Nicht Daniel Brühl, den anderen.

Noch deutlicher wird es aber beim Betrachten der neuen schicken Reihenhäuser am Volkspark Friedrichshain, die nicht mehr Reihenhäuser heißen (klingt so nach Leberwurst und Vertriebenentreffen), sondern Townhouses (klingt nach spontanem Wochenendtrip nach Capri). Wenn man von der Greifswalder Straße in die Straße Am Friedrichshain einbiegt, kommt sehr bald auf der linken Seite eine Hofeinfahrt mit Rolltor. Laufen Sie da mal durch. Man fühlt sich erst etwas unwohl und erwartet, dass jeden Moment ein Sicherheitsmensch hinterm Gebüsch hervorprescht und mit Schweizer Akzent fragt, was man hier zu suchen habe. Die Straße ist allerdings öffentlich, und sollte wirklich einer fragen, kann man getrost antworten: »Ich soll hier nur auskundschaften.«

Zuerst stehen dort zwei strahlend weiße Wohnhäuser, denen man die Luxusaustattung schon an den Balkongeländern ansieht. Dahinter ordentlich aufgereiht die Townhouses, unten Garage, daneben eine Treppe zum Eingang im Hochparterre, fehlt nur noch ein separater Eingang für das Hausgesinde. Die ganze Anlage ist wie eine Besserverdienendenvorstadt im Hinterhof. Hier wurde so weit nach oben gentrifiziert, dass es nicht mal einen Späti gibt, und das will in Berlin schon was heißen.

Neukölln ist noch nicht so weit, hier gibt es noch keine Neubauten mit Autoaufzügen und die SUV-Dichte ist weit von Neubabelsberger Zuständen entfernt. Ein bisschen fancy Gastronomie hat sich angesiedelt, zum Beispiel ein Restaurant mit Paleoküche, wo man schick sitzt und wie ein Steinzeitmensch gegrilltes Wild und Rohkostzeug isst. Den einen oder anderen Arschlochhausbesitzer gibt es hier natürlich auch, einem ist zum Beispiel die Kneipe »Freies Neukölln« zum Opfer gefallen. Sonst gibt's hier aber auch ein bisschen Verwahrlosung, Raucherkneipen mit Jungvolk und viel alteingesessenes jugendliches Testosteron. Wer aber den Hass auf Hipster, Amerikaner, Spanier, Studenten und Kaffeeläden zum Hobby hat, der wird hier sicher auch glücklich.

Seit zwölf Jahren heißt es, der Wedding sei im Kommen, da würde es als Nächstes losgehen. Noch liegen am Leopoldplatz die Alkoholiker in ihren Einkaufswagen, aber es dauere nicht mehr lange und bald sei hier alles voller Tennislehrer in Polohemden mit über die Schultern gelegten Pullovern, die Ärmel vor der Brust verknotet. Was aber ist bisher passiert? Nüschte. Ja sicher: Der Kaffee ist ein anderer als vor zwanzig Jahren, aber das trifft auch auf Wuppertal zu.

Man sollte sich aber davor hüten, jede Gegend als homogen zu betrachten. Sicher sind im Wedding auch die Mieten gestiegen (wie überall in Deutschland) und Häuser saniert worden, sicher gibt es am Prenzlauer Berg auch ganz, ganz räudigen Döner. In der Scharnweberstraße in Friedrichshain liegt das ehemals besetzte und jetzt an die Besetzer vermietete Haus direkt neben dem Luxusneubau. Ich habe die Fassade dieses Neubaus noch nie ohne Farbbeutelschäden oder »Verpisst euch«-Graffiti gesehen. In der Revaler Straße werden die Häuser saniert, aber direkt vor der Tür stehen die Dealer und verkaufen Gras. Allerdings wirklich kein High-Class-Gras für Besserverdienende. Nee. Das kann man wirklich nicht behaupten.

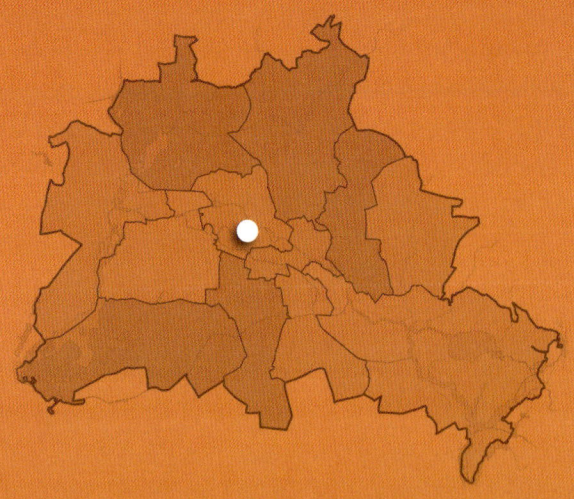

Beware of pickpockets!
And police officers

Ein Lehrstück für Touristen

Vor dem Gebäude des Polizeiabschnitts 34 in Berlin-Mitte steht ein junger Mann und drückt die Klingel. Durch die Gegensprechanlage bellt ein Polizist.

Polizist: Ja?

Herr: Hallo, mir ist mein Geldbeutel geklaut worden.

Polizist: Wat ha'e ick damit zu tun?

Herr: Sind Sie nicht die Polizei?

Polizist: Nee, hier is' 'ne Bäckerei.

Herr: Aber hier draußen steht doch Polizei dran.

Polizist: Ja. Dit is' der Name von die Bäckerei. Wir heißen Bäckerei Polizei. Wir ham hier Laugenstangen in Schlagstockform und so Zeug. Und unsre Brezeln können schießen.

Herr: Das ist jetzt 'n Witz, oder?

Polizist: Ja, dit isset. Wat wollnse denn? Hamse wat abzugeben?

Herr: Mir ist mein Geldbeutel geklaut worden.

Polizist: Oh, dit is' ja ärgerlich. Bei meene Tante wurde neulich eingebrochen.

Herr: Äh ... ja ... und?

Polizist: Nix und. Ick dachte, wenn Sie hier 'n Jespräch über Kriminalität anfangen wollen, denn steig ick da mal mit ein. Dit war nur freundlich jemeint.

Herr: Das hilft mir jetzt überhaupt nicht weiter. Mir ist mein Geldbeutel gestohlen worden.

Polizist: Ja, dit kann ick ja jetze nu ooch nich ändern. Außerdem hamse dit schon zwee Mal jesaacht. Kommt von Ihre Seite jetze noch 'ne neue Information oder is' dit dit janze Mattajahl, mit dem ick hier arbeiten muss?

Herr: Hören Sie, ich brauche jetzt keine Witze, mir geht's schon schlecht genug.

Polizist: Dit war keen Witz, dit war 'ne ernstjemeinte Frare.

Herr: Mir ist mein Geldbeutel geklaut worden.

Polizist: Wenn ick noch einmal diesen Satz höre, leg ick uff.

Herr: Können Sie mir nicht helfen?

Polizist: Also, hier isser jedenfalls nich'.

Herr: Das hätte mich auch ziemlich gewundert.

Polizist: Na, wat klingelnse denn dann?

Herr: Ich wollte eigentlich eine Anzeige aufgeben.

Polizist: Ach so! Dit kann ick ja nich' wissen.

Herr: Was haben Sie denn geglaubt, was ich will?

Polizist: Ick gloobe erst ma jar nüscht. Hier kommen jeden Tach so ville Leute her, wenn ick da bei jedem wat glooben würde, käm ick ausm Glooben jar nich mehr raus. Wir müssen hier aber mit Fakten arbeiten bei die Polizei. Wennse glooben wollen, müssense rüber inne Hedwigskathedrale jehn.

Herr: Ich will ja gar nicht glauben. Ich habe Sie gefragt, was Sie geglaubt haben.

Polizist: Ick habe jegloobt, ick hätte heute vielleicht mal 'n rujen Tach auf Arbeit. Aber dit hat sich ja jetze nu zerschlagen.

Herr: Haha, sehr witzig.

Polizist: Dit war wieder keen Witz. Ick wär ja schon zufrieden, wenn die Leute, die hier klingeln, wissen, watse eigentlich wollen. Aber dit is' ja anscheinend zu viel verlangt. Die denken ja nich' nach, die rennen immer erst mal zur Polizei und jammern rum: »Hach, mir is' wat jeklaut worden. Hach, ick hab auf Maul bekomm. Hach, vor die Synagoge steht einer mit 'ner Knarre.« Ick muss mir dit jeden Tach anhörn. Und wir solln dit wieder gradebiegen, wa? Mit die Polizei kann man's ja machen. Die ham ja Zeit. Zahl ick ja Steuern für, kann ick hinjehn, ohne zu wissen, wat ick will, und die machen dit denn schon.

Herr: Na hören Sie mal!

Polizist: Mach ick doch. Ick höre schon die janze Zeit, aber von Ihnen kommt ja nüscht Vernünftjet.

Herr: Können Sie mich nicht erst mal reinlassen?

Polizist: Ick kann Sie erst dann reinlassen, wenn Sie mir sagen, watse wolln. Is' Vorschrift. Und jetzt saren bitte nich' wieder, dass Ihnen Ihr Jeldbeutel geklaut worden is'. Dit weeß ick schon.

Herr: Das hab ich doch schon gesagt: Ich würde gern eine Anzeige aufgeben.

Polizist: Denn müssense zur Zeitung gehen.

Herr: Was muss ich?

Polizist: Ne Anzeige aufgeben könnse bei die Zeitung. Jung, männlich, ledig sucht Frau, die mir dit Herz klaut als wärs 'n Jeldbeutel. Hier könnse nur Anzeige erstatten.

Herr: Na dann erstatten. Was muss ich machen zum Erstatten?

Polizist: Wir erstatten Ihnen jar nüscht. Wenn Sie nich inne Lare sind, uff Ihrn Jeldbeutel uffzupassen, denn könn wir ooch nüscht für. Wenn ick jedem, der hier ohne Jeldbeutel aufkreuzt, sein' Verlust erstatten würde ... Ha! Da könnte ja jeder komm'.

Herr: Bei mir isses aber wirklich so. Der ist wirklich geklaut worden.

Polizist: Hamse überall nachjesehn? Hosentasche, Handtasche, Schlüpper?

Herr: Ich trage keine Handtasche, ich bin ein Mann.

Polizist: Dit heißt doch jar nüscht. Wenn Sie wüssten, wat hier für 'ne Leute reinkommen. Neulich war einer da, der hatte 'ne Lederweste an, aber der war gar keen Kneipenwirt. Ham wir ooch janz schön jekiekt. Sind Sie schwul?

Herr: Bitte? Was soll denn diese Frage?

Polizist: Ach nüscht, dit war nur Privatinteresse.

Herr: Ich hab geglaubt, Sie können mir irgendwie helfen.

Polizist: Ick sare dit nochma: Wennse glooben wollen, jehnse rüber inne Hedwigskathedrale.

Herr: Ich bin Agnostiker.

Polizist: Ach so! Messe uff Polnisch ist da jeden Mittwoch.

Herr: Nein!

Polizist: Doch, isso.

Herr: Nein, ich meine, Agnostiker heißt, dass ich nicht weiß, ob es einen Gott gibt.

Polizist: Was wollense denn dann inner Kürche?

Herr: Ich will ja gar nicht in die Kirche, verflucht! Was soll denn dieses Gesabbel überhaupt? Ich steh hier schon fünf Minuten und muss mit Ihnen diskutieren. Jetzt lassen Sie mich mal rein oder bringen Sie mir jemanden her, der in der Lage ist, wie ein anständiger Mensch mit mir zu reden.

Polizist: Bitte wat? Hörnse ma, bin icke jetze hier der anstrengende Part von uns beede? Ick kann Sie nich' reinlassen, bevor Sie mir nich' deutlich und in verständlichem Deutsch jesaacht haben, watse denn nu wollen. Englisch geht zur Not ooch. Aber kommse mir bitte nicht mit Urdu oder Hindi oder so Zeug. Dolmetscher gibt's nämlich nur, wenn man dem Haftrichter vorgeführt wird.

Herr: Ach was.

Polizist: So sieht dit aus. Wennse beklaut worden sind, hilft Ihnen keena. Wennse 'n Dolmetscher wollen, müssen schon vorher einen abstechen.

Herr: Einen Dolmetscher?

Polizist: Nee, irgendeinen. Wennse denn ooch noch den Dolmetscher abstechen, der Ihnen helfen soll, denn... tja, weeß ick nich. Den Fall hatten wir hier noch nie.

Herr: Ich hab doch schon viermal gesagt, was ich will.

Polizist: Aber nich' im ganzen Satz.

Herr: Ich möchte eine Anzeige erstatten.

Polizist: So heißt dit nich'.

Herr: Hä? Wieso?

Polizist: Nich' »eine Anzeige erstatten«. Einfach nur »Anzeige erstatten«.

Herr: Wieso das denn? Sind Artikel bei der Polizei verboten? Außerdem, wie klingt das denn? Sind wir hier in Kreuzberg oder was? Isch geh Kino? Isch hab Knarre? Isch erstatte Anzeige?

Polizist: Wollnse jetze ooch noch anfangen zu diskutieren? Junger Mann, ick habe ooch nich' den ganzen Tach Zeit.

Herr: Ich möchte gerne Anzeige erstatten.

Polizist:	Ob Sie dit gerne tun, is' für mich relativ belanglos.
Herr:	(schreit) ICH MÖCHTE ANZEIGE ERSTATTEN!
Polizist:	Also in dem Ton schomma gar nich'. Ick lege jetze uff.

Der junge Mann flucht und schlägt mit der Faust gegen die Gegensprechanlage. Er hat gerade eine wichtige Lektion gelernt: Wenn Sie in der Innenstadt nicht auf Ihre Wertsachen aufpassen, ist der Verlust derselben noch lange nicht das Ende der Unannehmlichkeiten.

Dieses Kapitel
gelesen von Tilman Birr

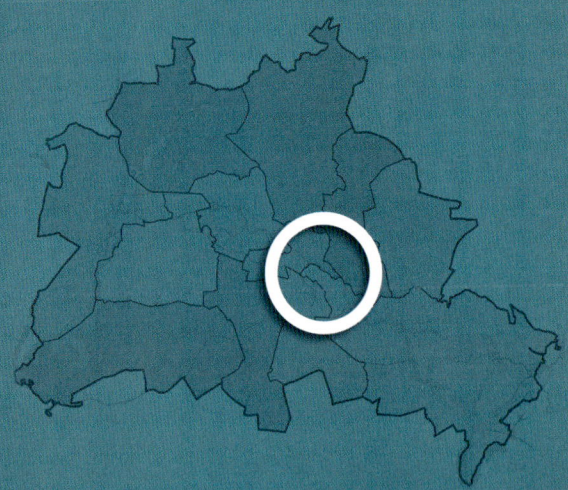

Versteckte Orte

I never go outside the Ring«, sagt der amerikanische Hipster, der vor drei Monaten aus Wisconsin nach Neukölln kam, und meint damit die Ringbahn, die eine psychologisch wichtige Marke zwischen »crazy Berlin« und »well, yeah ... some German town« bildet. Diese Grenze ist nicht nur eingebildet, es gibt sie wirklich. Man erkennt sie zum Beispiel sehr gut in Friedrichshain an der Brücke, die die Ringbahn über die Stralauer Allee führt. Sie ist wie ein Wurmloch: Auf der inneren Seite liegt unmittelbar vor der Brücke der Club »Zur wilden Renate«, wo das Club-Mate-Wodka-Milieu bis morgens um sechs zu Umpfzbeats tanzt und sich gegenseitig ins Ohr schreit, was es studiert. Zwanzig Meter weiter jedoch, jenseits der Unterführung, guckt man auf Einfamilienhäuser, ein bisschen Industrieüberreste, die gerade zu Wohnungen ausgebaut werden, und sonst so übliche Mietshausarchitektur.

Technisch gesprochen ist man hier in der Friedrichshainer Ortslage Stralau, einer Halbinsel zwischen Spree und Rummelsburger Bucht. Tatsächlich jedoch hat einen das Wurmloch in eine ruhige Wohngegend vor den Toren der Stadt befördert. So eine, wo man hinzieht, wenn man es in der Stadt geschafft hat, der Ruhe und der Kinder wegen. Clubs und Kneipen gab es hier noch nie. Früher fand hier mal der »Stralauer Fischzug« statt, eine Festwoche, mit der im August das Ende der Schonzeit für Fische gefeiert wurde. Weil es dabei regelmäßig zu Schlägereien und öffentlichem Rudelbums kam, wurde der Fischzug 1873 verboten. Seitdem ist hier Ruhe.

Hier gibt es fast alles, was es in der Vorstadt auch gibt, komprimiert auf einen guten Quadratkilometer. Kleine, enge Reihenhäuser, die man nicht zu lange ansehen will, weil man fürchtet, schon vom Hingucken verbeamtet zu werden. Ein paar

größere Wohnanlagen, Bauverbrechen aus den Neunzigern mit angelaufenem Putz. Schrebergärten, ein Bootsclub mit Hafen und Werft, das eine oder andere Millionärshaus mit eigenem Anleger, ein paar ganz normale Mietshäuser, auch mal einen Plattenbau, eine Schule mit Sportplatz. Der letzte DDR-Bungalow ist schon abgerissen, damit dort »anspruchsvolle Architektur in bester städtischer Wasserlage« gebaut werden kann. Der Quadratmeter kostet lockere 6.000 Euro, Stellplatz kost' extra. Davor stehen ein paar Schweizer Unternehmer und rütteln am Tor. Von oben hört man einen Immobilieninvestor dreckig lachen.

Aber es gibt auch Schönes: eine Dorfkirche aus dem 15. Jahrhundert mit Friedhof direkt am Wasser, eine Promenade am Fluss und an der Spitze der Landzunge einen Park mit alten Linden und wunderbarem Ausblick auf Wasser, den Plänterwald und das romantische Rummelsburger Heizkraftwerk. Kaum ein Mensch ist hier unterwegs, und wenn, dann will er genauso seine Ruhe haben wie alle anderen, die hierherkommen. Durchgangsverkehr: null. Wegen Halbinsel. Das lauteste Geräusch ist der Bus, und der kommt nur alle halbe Stunde.

Es ist ein bisschen wie im ICE: Das Normalo-Friedrichshain ist die zweite Klasse. Es ist laut, es müffelt, ständig stolpert man über anderer Leute Gepäck und Beine, die Menschen sind aufgepeitscht durch Platzmangel und Hektik, es wird geschrien und geflucht. Ab und zu kommt mal ein Junggesellenabschied vorbeigestunken oder ein pfläumchenklopfender Damenkegelverein aus Bottrop, und geht den Menschen, die hier was Ernsthaftes zu tun haben, kolossal auf den Sack.

Nichts davon auf Stralau. Stralau fühlt sich an wie eine Vorstadt ohne die Trostlosigkeit der Vorstadt. Keine Bar namens

»Backstage« oder »Zur kleinen Theke«, in der traurige Endvierziger die Zeit totschlagen, bis ihre Ehepartner endlich im Bett sind und sie nach Hause gehen können, ohne Streit fürchten zu müssen. Keine Tankstelle, vor der sich Jugendliche zum Besaufen und Ärgermachen treffen. Kein »FKK- und Sauna-Club« in einem heruntergekommenen Hausmeister-Einfamilienhaus im Gewerbegebiet.

Denn eigentlich sind wir hier ja mitten in der Stadt. Das ist das Schöne an Stralau: Man kann zuhause seine »Ich geh nicht mehr so oft raus«-Hausjacke tragen, ohne sofort zum Karl-Heinz zu werden. Denn wenn man will, ist man sofort wieder innerhalb des S-Bahn-Rings und kann dort sein Zweitleben als junggebliebener Trinker feiern.

Es gibt aber noch ein anderes Wurmloch, und das führt sogar aufs Dorf. Die Neuköllner Karl-Marx-Straße ist kein Fest, eher ein Kantinenbesuch der Profanität. Ein-Euro-Laden reiht sich an Pressfleischdöner, Selbstbedienungsbäcker an Handyladen, so Zeug halt.

»Aah, is' dit schön«, denkt der Neuköllner. »Riecht nach Kotze und Urin. Fühl ick mir glei' zuhause.«

Dabei ist das Dorf sehr nah, es heißt Rixdorf und steht hinter den Häuserzeilen in zweiter Reihe. Geht man von der Karl-Marx-Straße den Karl-Marx-Platz hinein, stößt man auf den Richardplatz. »Och jo, is' ja auch nett«, denkt man zuerst. Bisschen Gründerzeitarchitektur, bisschen Grün in der Mitte und sogar ein paar echte Restaurants, wo auf Porzellan serviert wird. So richtig mit Sitzen und Bedientwerden.

Jetzt aber kommt's. Das Wurmloch liegt hinter einem Tor an der Nordseite des Platzes. »Plopp!« macht es und man steht auf dem Land. Ein Backsteinbau, ein Kleinstbauernhaus, ein kleiner Weg, der Traum jedes Landlust-Abonnenten. In der Kirchgasse kann man entlang der Grenze zwischen den Welten laufen. Links liegt Neukölln: die Rückseiten der Kfz-Werkstätten, Entrümplergaragen und Kohlehandlungen. Rechts liegt das Dorf: die Büdnerhäuser aus dem 18. Jahrhundert. Blumen stehen vor den Häusern, Beete sind angelegt, Kletterpflanzen begrünen die Fassaden und selbstgetöpferte Klingelschilder hängen an den Türen. Opa sitzt in der Hollywoodschaukel vor dem Haus und macht das Kreuzworträtsel in der »Frau im Spiegel«. Man ist nur hundert Meter von »Waskuckstu«-Country entfernt, aber fühlt sich, als wäre man in einer Familienvorabendserie der Achtzigerjahre mit Thekla Carola Wied. Fast könnte man meinen, dass einem gleich jemand »Guten Tag« sagt. Einfach so. Ohne dass man vorher etwas bei ihm gekauft hat.

Es war nämlich so gewesen: Was heute der Richardplatz ist, war früher der Dorfanger von Deutsch-Rixdorf. Das hieß deshalb so, weil es auch noch Böhmisch-Rixdorf gab, das da stand, wo heute die Richardstraße liegt. Entstanden ist es 1737 durch die Ansiedlung böhmischer Protestanten, die es damals günstig im Hunderterpack gab. Der preußische König, Sparfuchs, der er war, griff zu und stellte die Protestanten hier unter.

Das Dorf wäre kein preußisches Dorf, wenn nicht ein Denkmal dort herumstehen würde, in diesem Fall eines für Friedrich Wilhelm I., den Gastgeber, der für die heutige Beschaulichkeit des Ortes wahrscheinlich wenig übrig gehabt hätte. Wir erinnern uns: Fritze Willi war so darum besorgt, dass aus seinem Sohn Friedrich ein anständiger Mensch wird, dass er dessen besten Freund vor seinen Augen hat köpfen lassen. Er hat's ja nur gut gemeint. Hat's dem Friedrich geschadet? Nicht direkt.

An der Karl-Marx-Straße aber hätte der Soldatenkönig seine helle Freude: schlechtes, aber billiges Essen, der gesamte Einzelhandel aufs Sparen ausgerichtet, Befehlston. Preußen wirkt bis heute nach. Einmal bestellte ich an einer Bude eine Portion Pommes. Der Frittierer stellte mir die Fritten hin, zeigte mit dem Finger drauf und bellte: »Schmecken lassen!«

Jawohl, mein General! Wer davon mal Urlaub braucht, geht einfach durchs Wurmloch.

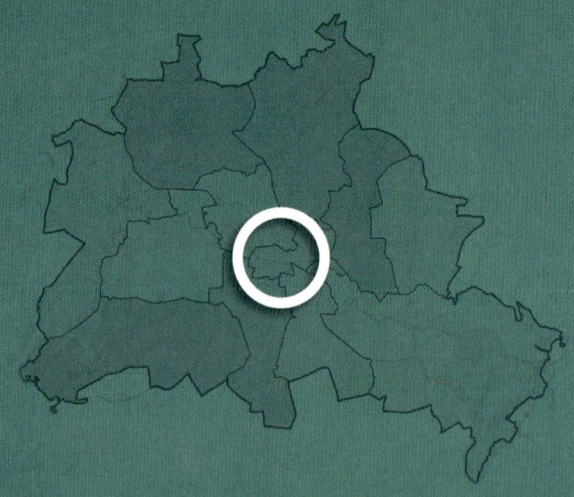

Kreuzberger
Parallelgesellschaften

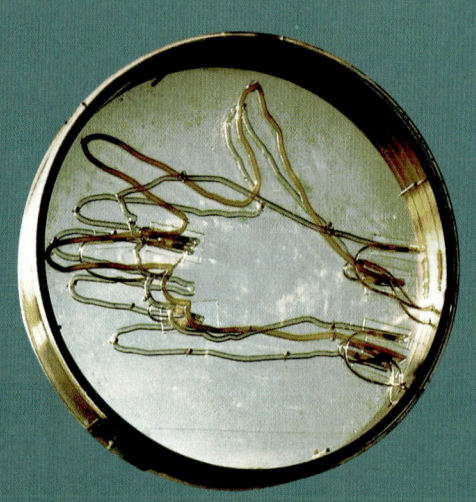

Es ging bereits durch die Medien und jeder hier weiß es: Kreuzberg ist ein gespaltener Bezirk. Es gibt hier zwei Welten, die nebeneinander existieren, zwei Parallelgesellschaften, die sich von Natur aus feindlich gegenüberstehen. Und wenn das so ist, dann muss man das auch aussprechen, auch wenn man das heute nicht so gern hört.

Auf der einen Seite steht das Schlesische Tor. Und wenn ich sage Schlesisches Tor, dann meine ich das Studenten-, Elektro- und Partymilieu, oder allgemeiner ausgedrückt: U30. Menschen, die ungeachtet ihrer vielleicht prekären Berufs- und Ausbildungssituationen feiern, als gäb's kein Morgen, die sich in dunklen Räumen zu repetitiver Musik und blinkenden LEDs bewegen, die freudig in die Hände klatschen, wenn man ihnen ein Bier hinstellt, die in Kneipen stehen und über unverbindlichen Geschlechtsverkehr verhandeln. Once upon a time, there was a tavern…

Schon die städtebauliche Anlage des Viertels begünstigt diese Funktion, die es in den letzten Jahren übernommen hat. Die Schlesische Straße ist eine Art Stairway to Heaven. Im Zentrum steht der U-Bahnhof Schlesisches Tor, umringt von Döner-, Minipizza- und Burgerläden, denn wer trinken soll, muss vorher auch essen. Von dort kann man in die Schlesische, Wrangel-, Skalitzer, Köpenicker oder Oppelner Straße ausschwärmen und findet dort Level 2: Alkohol. Im Späti oder in der Bar, ein bisschen klebriger und abgewetzter (»Fette Ecke«) oder ein bisschen gesetzter am Kamin (»Kirk«).

Keine hundert Meter vom Startpunkt folgen auf Level 3 die ersten Clubs: »Watergate« für elektronisches, »Magnet« für Rockmusik, »Lido« für Konzerte oder auch mal einen Poetry

Slam (wenn man das mag). Weiter draußen, hinter der Aral-
tankstelle, wird es dann etwas weitläufiger. Da haben »die
jungen Leute« dann auch ein bisschen mehr Platz zum Toben.
Da können sie auch mal laut sein. Das liegt ja schon fast im
Park und da stört das keinen, deswegen sind da auch die Out-

doorläden: »Club der Visi-
onäre«, »Freischwimmer«,
»Badeschiff«. Außerdem das
»White Trash«, das mit dem
Text, der vor einigen Jahren
auf einem seiner Flyer stand,
am besten beschrieben ist:
»Rock music, live bands, na-
ked chicks in cages, burgers
and beer.«

Es gibt in der Gegend um
das Schlesische Tor kei-
ne Shishabars, keine Wel-
comeshots, keine Happy
Hour. Brauchenwanich, wir
machen uns unsere Hap-
piness selbst. Aus der Toi-
lettenkabine kommen ein
Mann und eine Frau und
lächeln entschuldigend. Sie

haben ja auch recht: Was will man machen, wenn's hier keine abschließbaren Zimmer gibt? Bleibt einem ja nur die Klokabine. In einer anderen Kneipe kommen aus der Klokabine
zwei Männer. Und einmal habe ich auch eine kleine Gruppe
beim Strippoker beobachtet, allerdings nicht in der Klokabine,

sondern mitten im Gastraum. Eine Frau hat verloren. Kreuzberg, oi, oi! Und wie in jeder Kneipengegend dieser Liga gibt es auch hier einen älteren Herrn mit Mantel und rauer Stimme, der jedem Gast ungefragt ein einseitiges Gespräch aufs Auge drückt und deshalb in den meisten Läden Hausverbot hat. Er heißt Manfred oder Walter oder so was. Wenn Sie ihn sehen, werden Sie ihn erkennen.

Anders als die Hamburger Reeperbahn oder die Kölner Ringe ist die Schlesische Straße aber zum Glück keine vulgäre Ausgehmeile für das Wodka-Energy-Publikum mit dreistelligem Ortskennzeichen am Auto. Die Clubs, DJs und Bands gehören zur Spitze Deutschlands, die Junggesellenabschiedsdichte liegt bei null und die Pärchen aus der Klokabine sind Akademiker. Es wird gejohlt und gegrölt, aber auch gegendert. Wer lieber mit flaumbärtigen Umlandbürschchen und Muckibudenvolk zu Chartmuzak tanzen will, der ist im »Matrix« am U-Bahnhof Warschauer Straße in Friedrichshain besser aufgehoben. Auch hier sagt das Plakat alles: »Party every night. Up to seven floors.« Die von Hostels organisierten Pubcrawls enden dort. Weisse bescheid, ne.

Es gibt aber noch ein anderes Kreuzberg. Zwischen Gneisenaustraße und Bergmannstraße, in dem Kreuzberg, das man nach seinem alten Postzustellbezirk »Kreuzberg 61« nennt, ist man über vierzig und schon ganz lange in Berlin. Man fühlt sich zwar immer noch so jung wie früher – damals, Hausbesetzerszene, ich hab das alles erlebt –, aber man ist auch ganz froh, wenn man nicht allzu weit aus seiner Gegend raus muss. Man hat sein linkes Antiquariat, seine Fahrradwerkstatt, sein mediterranes Bistro und grüßt seinen Gemüsehändler mit »Grüß dich, Haldun!«. Französischlehrer mit Baskenmützen, selbst

Kinder der 68er, sitzen in Weinstuben und lesen die taz. Man kauft gern in der Markthalle am Marheinekeplatz, denn gefärbte Oliven und industriell hergestelltes Focaccia schmecken natürlich besser, wenn der Verkäufer Jorgos heißt. Sonntags kann man auch mal brunchen. Brunch, das würde am Schlesischen Tor gar nicht gehen, denn Brunch gibt's von morgens

um zehn bis nachmittags um vier und da sind die Partypeople vom Schlesi meistens schon im Bett. Hier dagegen ist es nicht so laut und hektisch, aber trotzdem mitten in der Stadt. Das ist auch ganz gut, dann hat man es nicht so weit zum Arzt. Man hat sich die Liberalität von früher bewahrt (es gibt sogar einen schwulen Postkartenladen), aber es ist nicht mehr so heruntergekommen wie früher. Grundgefühl: »nett«.

Deshalb findet man es nicht so nett, wenn jemand diese Ruhe stört. Die Admiralbrücke, die über den Landwehrkanal führt, wurde vor einiger Zeit zum Reibungspunkt zwischen diesen beiden Milieus. Befeuert durch Lonely Planet, Easyjet und Hanf war sie im Lauf der Zeit zum Abhängort für Weißwein-aus-Flaschen-Trinker aller Nationen geworden. Jeden Abend fand hier eine Alle-sind-willkommen-jeder-bringt-was-mit-Party statt und wenn es ganz schlimm kam, tauchte ein DJ auf und fing an, Elektro aufzulegen.

Die Feiernden hatten sich aber mit der mächtigen Anwohner-Lobby angelegt. Die fanden die Party vor ihrer Haustür gar nicht lustig, denn sie konnten hier nicht mehr vorbeilaufen, ohne auf ein Bier eingeladen zu werden. Nach guter altlinker Tradition gründete sich eine Betroffeneninitiative, die einen Kompromiss aushandelte: Bis zehn darf hier gefeiert werden, danach kommt in guter altlinker Tradition die Polizei. Es hat leider geklappt: Um zehn wird die Brücke geräumt und die Polizei bleibt noch ein paar Stunden hier stehen, damit der Feiermob nicht zurückkehrt. Und wieder hatte die »Berlin ist echt nicht mehr wie früher«-Fraktion eine Geschichte mehr auf Lager.

Und da soll nochmal einer sagen, es gäbe in Kreuzberg keine Parallelgesellschaften! Muss man ja auch mal sagen, wenn's so is'.

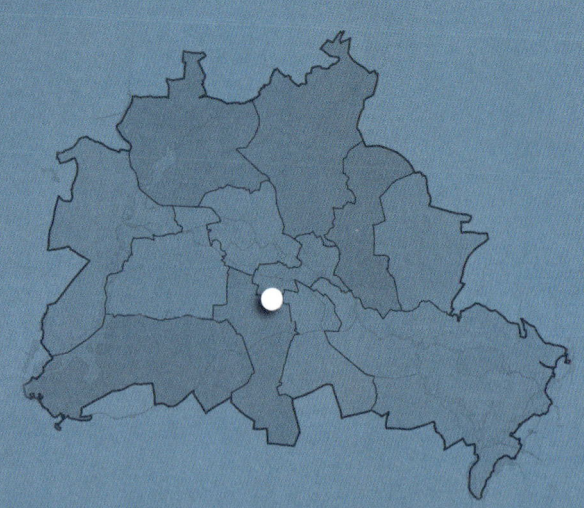

Kleine Geschichte des Tempelhofer Felds

Das wird Sie jetzt überraschen: Ursprünglich war das Tempelhofer Feld ein Feld. Die Schöneberger Bauern bauten hier bis ins 18. Jahrhundert Sauerkohl, Buletten und Fassbrause an. Dann aber kam in Preußen Friedrich Wilhelm I. auf den Thron, den man später den Soldatenkönig nennen sollte, und der liebte ausschließlich das, was marschieren konnte. Als sich herausstellte, dass trotz schärfstem Drill und vieler standrechtlicher Erschießungen kein einziger Kohlkopf zum Marschieren zu bewegen war, ließ Friedrich Wilhelm das gesamte Tempelhofer Feld plattmachen, um dort einen Exerzier- und Manöverplatz einzurichten. Hier konnten nun die preußischen Monarchen dabei zusehen, wie Männer über das Feld liefen, etwas schrien und wieder zurückliefen. Andere schmissen sich aus vollem Marsch in den Schlamm, robbten darin herum, standen wieder auf, rannten wieder und schmissen sich wieder hin. In Preußen mit seiner langen Geschichte homophiler Militaristen als Herrscher hatte man daran großen Spaß, und so blieb ein großer Teil des Tempelhofer Felds bis 1910 in der Hand der Armee.

In den 1880er Jahren kam neben Rennen, Schreien und Schießen noch ein weiterer Soldatenspaß dazu: in die Luft gehen. Die Luftschifferabteilung der preußischen Armee verlegte ihren Sitz auf das Tempelhofer Feld und ließ hier Ballons steigen, manchmal auch mit Menschen darin, die beim Aufstieg in die Stratosphäre für Volk, Kaiser und Vaterland ohnmächtig wurden. Es war die Pionierzeit der Luftfahrt, und so kamen Erfinder aus dem ganzen Land hierher, um dem preußischen Militär zu zeigen, wie ihre Fluggeräte abstürzen oder in Flammen aufgehen.

Zur Fertigstellung des ersten Flughafens auf diesem Gelände kam es zum Glück aber erst, als die Flugzeuge richtig fliegen konnten, im Jahr 1928. Die Berliner legten damals den Grundstein für eine Flughafentradition, die sich bis heute fortsetzt: Die Anlage erwies sich schon bei ihrer Eröffnung als zu klein. Folglich begannen die Nazis in den Dreißigerjahren, hier ihren »Großgermanischen Reichsflughafen rein Arischer Abstammung« (»GRrAA«) zu errichten, der bei seiner Eröffnung 1941 der GröFlaZ war und dessen Gebäude bis heute eines der längsten und flächenmäßig größten der Welt ist.

Es folgte viel Scheiße. Sehr, sehr tiefe Scheiße, halbflüssig und bestialisch stinkend.

Nach dem Krieg wurde Tempelhof zunächst nur militärisch bespielt. 1948 wurde im Westen neues Geld eingeführt, das bunter war als das alte und mit dem man tatsächlich etwas kaufen konnte. Das gefiel den Russen nicht, denn ihr System gab vor, dass nur dann alle glücklich sind, wenn niemand etwas kaufen kann. Deshalb riegelten sie West-Berlin vom Rest der Welt ab, so dass die Amerikaner ihre Exportschlager Cola, Kaugummi und Pomade ein knappes Jahr lang auf dem Luftweg nach Berlin transportieren mussten. An diese Luftbrücke erinnert eine auf dem Flughafenvorplatz stehende Skulptur in Form eines Elektroschockers.

Ab 1950 durften auch wieder Zivilisten von hier abfliegen, mussten das Gebäude aber durch einen unauffälligen Seitenein-gang am Tempelhofer Damm betreten. Erst 1962 gab man auch die Haupthalle für das normale Volk frei. Sie at-met bis heute den Charme dieser edlen Zeit, der Zeit von Theo Lingen und Karl-Heinz Kurras. 1974 eröffnete der Flughafen Tegel, und so wurde der zivile Luftverkehr vollständig dort-hin verlegt. Die Passagierzahlen stiegen aber stetig an, denn ein dreißigminütiger Flug nach Westdeutschland war den Ber-linern und ihren Besuchern lieber, als mit 80 km/h über die mit Betonplatten ausgelegte Transitautobahn zu juckeln und sich an zwei Grenzen mit sächsischen Grenzbeamten herumärgern zu müssen, die nur gebrochen Deutsch sprachen. So wurde Tempelhof 1985 wieder für den zivilen Luftverkehr geöffnet.

Nach der Wiedervereinigung gingen die Passagierzahlen nach oben, die Lage entspannte sich aber bald wieder, denn nun konnten alle überall landen, auch auf dem früheren »Volks-eigenen Friedensflughafen Karl und Groucho Marx« in Schö-nefeld. Weil man damals noch dachte, der Umbau des Flug-hafens Schönefeld zum Großflughafen BER wäre im Juli 2012 abgeschlossen, beschloss der Berliner Senat die Schließung des

Flughafens Tempelhof zum Oktober 2008, wogegen ein paar Flugzeugfreunde, die zum Fotografieren nicht nach Schönefeld fahren wollten, einen Volksentscheid anzettelten. Die Argumente der Schließungsgegner bestanden zum großen Teil aus: »Gab's doch früher nicht« und »War doch schon immer so«. Erstaunlicherweise scheiterte der Volksentscheid trotzdem, der Flughafen Tempelhof wurde geschlossen und das Rollfeld im Mai 2010 als Park wiedereröffnet.

Der Berliner Senat mit seinem unbändigen Drang, nichts einfach mal so lassen zu können, wie es ist, fing schon an, auf dem Feld Innovationsparks, Nachhaltigkeitsforen und sonst so gutklingendes Zeug zu planen, mit dem man vielleicht Geld aus Brüssel hätte abgreifen können. Die Investoren scharrten schon mit den Hufen. »Oh, eine Freifläche! Können wir hier was bauen?«, klang es aus einer Büroetage. »Wir kennen da so ein paar Barbourjackenträger, die gern hier hinziehen und die Nachbarn verklagen würden. Aber die haben viel Geld, das braucht ihr doch so dringend in Berlin. Wir würden zur Not auch ein paar billige Wohnungen für euer sternburgsaufendes Gesocks da bauen. Versprochen!«

Wieder strengten die Berliner einen Volksentscheid an. Diesmal klappte es und die Forderung der Bürgerinitiative, das gesamte Tempelhofer Feld nicht zu bebauen, wurde zum Gesetz. Nimm dies, Investor! Winsel um Gnade, Chance zum Bau günstigen Wohnraums! Wenn der Soldatenkönig gesehen hätte, was der Pöbel heute alles so beschließen und verhindern darf, er hätte sein gesamtes Volk aufgelöst und Gott befohlen, seine Gnade möge ihm ein Neues erwählen.

So blieb das Tempelhofer Feld unbebaut. Heute ist es ein beliebter Ort, um dort Userfotos für Onlinedatingportale oder Facebookprofile zu machen. Auch Singersongwriter (also Liedermacher, die englisch singen) laufen dort gern über die Landebahn und singen in eine Kamera hinein. An den Rändern des Felds gibt es die sogenannten Pionierfelder, wo man vielen Aktivitäten nachgehen kann, die uns lange vorenthalten waren. So gibt es dort zum Beispiel eine Einrad-Fahrschule, man kann Minigolf durch Skulpturen spielen, Kinder können sich Favelas bauen und Nachbarn mit irgendwas in einen »konstruktiv kritischen Dialog« treten. Oder man kann Jugger spielen, ein rugbyähnliches Spiel, das zum

Ziel hat, der gegnerischen Mannschaft einen Hundeschädel aus Plastik in ihr Loch zu stecken. Um das zu erreichen, ist der größte Teil der Mannschaft damit beschäftigt, die Gegner mit riesigen Q-Tips zu vermöbeln, den sogenannten »Pompfen«, die so heißen, weil das Geräusch, das das Gerät macht, wenn es auf einen Gegnerkopf trifft, genauso klingt.

Alles in allem: ein schöner Ort. Eigentlich ja nur eine leere Fläche mit zwei Landebahnen und ohne Bäume, aber genau deshalb fällt dort die Stadt ein bisschen von einem ab. An keinem anderen Ort innerhalb des S-Bahn-Ringes kann man zwei Kilometer weit über flaches Land gucken. Nur ein paar Flugzeugfreunde stehen frustriert am Rand und schimpfen auf die Politik, denn startende und landende Flugzeuge wären ihnen hier viel lieber als Menschen, die Spaß haben. Aber so ein bisschen Gemecker läuft ja auch unter Berliner Folklore.

■ www.thf-berlin.de

Das Tempelhofer Feld ist geöffnet von Sonnenaufgang bis Sonnenuntergang. Offizielle Seite der Tempelhofer Freiheit (alles über Pionierfelder, Aktivitäten, Führungen durch das Flughafengebäude usw.): www.thf-berlin.de

■ www.das-thema-tempelhof.de

Homepage von Schließungsgegnern. Ein besonderer Leckerbissen ist die Zeittafel unter dem Menüpunkt »Geschichte«, die sehr detailliert die historischen Daten auflistet und zum Schluss immer wütender im Ton wird.

Tempelhof: Mahnmal für die Opfer von Elektroschockern

Dieses Kapitel
gelesen von Tilman Birr

Dit janz normale Leben
Spandau

Spandau ist eigentlich kein Bezirk Berlins, es ist eine normale westdeutsche Stadt. Es gibt dort fast alles, was es in anderen Städten auch gibt: einen ICE-Bahnhof, daran anschließend ein Einkaufszentrum und eine Fußgängerzone, eine einigermaßen wiederhergerichtete Altstadt mit einer Kirche in der Mitte, ein paar bessere und ein paar schlechtere Außenbezirke und sogar Ortsteile, die so weit draußen liegen, dass sich die Bewohner dort nicht als Spandauer fühlen (Kladow und Gatow) und als Berliner erst recht nicht. Kein Wunder: Mit seinen 220.000 Einwohnern ist Spandau größer als Mainz, Kassel oder Freiburg im Breisgau.

Allerdings: Während Kassel die Documenta hat, Mainz den Wein und einen 1000 Jahre alten Dom und Freiburg den Schwarzwald und ein lebhaftes Studentenleben, hat Spandau nicht mal eine eigene Vorwahl. Es gibt nur eine einzige U-Bahn-Linie, und die fährt vom Bahnhof nur in eine Himmelsrichtung (nach Osten), ansonsten gibt es nicht einmal eine Straßenbahn. Um ein Theater oder ein Opernhaus besuchen zu können, muss man mit dem Regionalexpress in die nächste Stadt fahren (Charlottenburg). Jede andere deutsche Stadt, die so dünn mit Kultur versorgt wäre wie Spandau, wäre nach ein paar Generationen entvölkert oder würde sich selbst an einen chinesischen Investor verkaufen.

So schlimm finden das die Spandauer aber auch nicht. Charlottenburg ist nah und man muss auch nicht jeden Quatsch mitmachen, den die da drüben in Berlin sich ausgedacht haben. Deshalb zieht man doch nach Spandau: um ein bisschen außen vor zu sein, von dort draufzusehen und zu denken: ja, ja. Wahrscheinlich ist deshalb alles ein bisschen so geblieben wie vor zwanzig Jahren. Es gibt Konditoreien, in denen huttragende

alte Damen Bienenstich und Eierlikör zu sich nehmen. In der Altstadt kann man beim richtigen Neunzigerjahre-Italiener essen und dabei etwas Albano und Romina Power, Zucchero oder Ricchi e Poveri hören. Um die Ecke gibt es ein Eiscafé, das abends Cocktails serviert. Sie stehen in einer eigenen, bunt bebilderten Karte, deren Laminierung sich an den Ecken schon aufzwirbelt.

Das Berlin aus den Filmen von Loriot, die westdeutschen Achtziger- und Neunzigerjahre, die Rainald Grebe in seinen sehnsuchtsvollen Liedern besingt: hier gibt es sie noch. Wer länger in Berlin weilen muss und sein Pirmasens oder Oberhausen vermisst, der kann nach Spandau fahren und fühlt sich fast wie zuhause. Denn wie sang das Spandauer Hip-Hop-Duo »Icke & Er« in ihrem Hit S.P.A.N.D.A.U.? »N is' für dit janz normale Leben, es kann ja ooch nich nur dit besondere jeben, wa.« Jenau!

Gute Orte in Spandau

■ **Ristorante Ruspina**

Carl-Schurz-Straße 53 (Eingang über den Hof)

tägl. 12 – 24 Uhr · www.ristorante-ruspina.de

■ **Eiscafé Trattoria Millefiori**

Breite Straße 35, Spandau Altstadt

tägl. 9 – 3 Uhr · www.eiscafemillefiori.de

Wenn man schon in Spandau ist, sollte man es nicht verpassen, das beste Eis Berlins zu probieren:

■ **Florida Eis**

· Altstädter Ring 1 (direkt vor dem Bahnhof Spandau)

· Klosterstraße 1

www.floridaeis.de

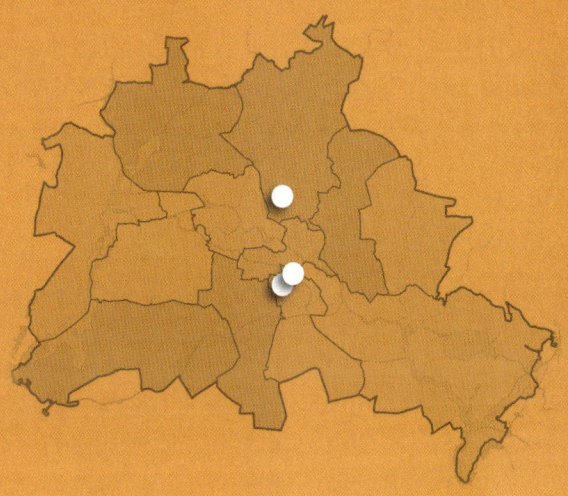

Wer bestellt zwee Herrnjedeck und trinktse alleene?

Icke.

Das Herrengedeck wurde von findigen Gastronomen erfunden, die sich die Kosten für das Kassenpersonal sparen wollten. In einigen Kneipen, meist solchen mit irgendeiner Art Erwachsenenunterhaltung, stellte es früher den Mindestverzehr dar. Es ist somit der Getränk gewordene Satz: »Dit is' hier keene Wärmehalle.«

In Berlin besteht das Herrengedeck aus einem Bier und einem Schnaps, vorzugsweise Korn oder Aquavit. In Hamburg dagegen war das Herrengedeck ein Bier und eine 0,2er-Flasche Sekt. Analog dazu soll es auch ein Damengedeck gegeben haben, das aus einem alkoholischen und einem alkoholfreien Getränk bestand, häufig ein Piccolo und ein Orangensaft.

Wie erklärt man das nun einem ausländischen Besucher? Wie übersetzt man Herrengedeck? Als »gentleman's dish« klingt es schon wieder vornehm. »Couvert de monsieur« dagegen klingt so, als sei es ein Euphemismus für etwas ganz Schmieriges, das wahrscheinlich mit Puff oder Swingerclub zu tun hat. »Coopertio virilis« klingt wie die Krankheit, die man sich dabei holt. Wir sollten eine Übersetzung besser unterlassen und stattdessen einfach weiter Herrengedeck sagen. Es ist eine zutiefst deutsche Erfindung und verdient es deshalb, in allen Sprachen seine deutsche Bezeichnung zu behalten, so wie Blitzkrieg, Gemütlichkeit, Wertstoffhof und Funktionsjacke.

Heute haftet dem Wort Herrengedeck der Geruch einer staubigen Eckkneipe an. Es müffelt nach Sechzigerjahre, nach Cordhut und Ernte 23. Vor unserem geistigen Auge ersteht eine nikotingelbe Daddlautomatenpinte, in der Männer beisammen sitzen, die erfolglos versuchen, ihre Traurigkeit zu verbergen und ihren Frust über eine ständig schlecht gelaunte

Frau, vier undankbare Kinder und eine stumpfsinnige Arbeit wegzuspülen. Herrengedeck klingt nach allem, was die Achtundsechziger zurecht abschaffen wollten. Herrengedeck klingt nach Prügelstrafe.

Gast:
»Kann ich zahlen?«

Kellnerin:
»Dit will ick aber schwer hoffen!«

Diese Eintönigkeit passt nicht mehr in die heutige Zeit. Eine Ausdifferenzierung der Herren- und Damengedecke in verschiedene Untergedecke ist dringend geboten, damit der ausgrenzende Charakter und das bürgerliche Schwarzweißdenken, das nur Herren und Damen kennt, überwunden werden. Deshalb schlage ich folgende weitere Bezeichnungen vor:

Getränkekarte

Hohenschönhauser Herrengedeck

Ein Sternburg, ein 0,1er-Fläschchen Wodka,
beides vom Späti

✳

Süddeutsches Herrengedeck

Ein Augustiner, ein Obstler

✳

Süddeutsches Herrengedeck in Lichtenberg

Ein Augustiner, ein Obstler und einen Anschiss vom
Tischnachbarn, dass es das hier früher nicht gegeben hätte.

✳

Tussigedeck

Ein Hugo, ein Baileys

✳

Damenkegelvereingedeck

Ein Piccolo, ein Pfläumchen

✳

Schülergedeck

Ein Pils, ein Snickers

✳

Russengedeck

Fünf Schnaps

Easyjetgedeck

Zwei Bier, drei Schnaps, eine Club Mate mit Wodka,
ein Rotwein mit Cola, zwei Energydrinks mit Guarana für den Weg,
ein Zettel mit der Wegbeschreibung zum Berghain

✳

Lehrergedeck

Ein Kaffee, ein Cognac

✳

Lehrer-auf-Klassenfahrt-Gedeck

Zehn Cognac

✳

Pendlergedeck

Ein Kaffee im Pappbecher, eine Pizzazunge vom Ditsch

✳

Burnoutgedeck

Ein Kaffee im Pappbecher, ein Pizzazunge vom Ditsch,
eine Flasche Schnaps

✳

Volkspark-Friedrichshain-Gedeck

Zwei Bier, ein Joint, eine Sonnenbrille

✳

Großraumdiskogedeck

Drei Liter Red Bull, ein halber Liter Wodka,
zusammengemischt in einem Eimer mit fünf Strohhalmen

Gast:
»Ich hätte gern ein Bier.«

Kellner:
»Und ick hätte jern 'n Job, wo ick einfach mal meine Ruhe haben kann. Wir kriegen beide nich, was wir wollen.«

Gute Orte für ein Herrengedeck

■ **Valentinstüberl**

Donaustraße 112, Neukölln

Bayrische Kneipe mit Biertischen und jungem Neuköllner Publikum. Für süddeutsches Herrengedeck zu empfehlen, wenn man keine auf bayrisch gemachten Touristenkneipen mag.

■ **Alter Roter Löwe Rein**

Richardstraße 31, Neukölln

Unaufgeregte Kneipe mit viel Holz und bayrischem Bier, ohne anstrengendes Adabei-Publikum.

■ **Willy Bresch**

Danziger Straße (Ecke Greifswalder Straße)

Berliner Eckkneipe, mittlerweile auch von Studenten und Neuprenzlauerbergern besucht, selbst der Spiegel berichtete schon.

Abschied
Berlin Style

»Also dann ...«

    »Ja.«

»Ich hab so weit alles. Ich werd dann mal.«

    »Alles klar.«

»Vielen Dank für alles. Hat micht echt gefreut.«

    »Ja ... doch ...«

»Und wir hören uns bald mal wieder. Ich meld mich.«

    »Ja, dit machste.«

»Schade, dass wir nicht so viel Zeit füreinander hatten, aber
das ...«

    »... ja, dit find ick ...«

»Und wenn ich wieder mal in der Gegend bin ...«

    »Meldste dir.«

»Also dann ...«

    »Dann.«

»...«

    »Willste nich' deine Tasche mitnehmen?«

»Die? Ach so, äh ... die wollte ich eigentlich hier lassen.«

    »Wie jetze?«

»Na so… hier lassen. Dass ich später nochmal… wenn ich gerade Lust hab…«

»Glaubste, du kannst dein Zeug hier einfach so bei mir rumstehen lassen?«

»Na, dann nehme ich sie halt mit.«

»Nee, lass mal. Is' schon okay. Lass einfach hier.«

»Echt?«

»Ja. Lass einfach da. Kann halt sein, dass nich' mehr alles da is', wenn du wiederkommst. Aber warte… dafür kannste ditte hier mitnehmen.«

»Das?«

»Hm.«

»Echt? Also… das ist ja… Danke! Das kann ich einfach so mitnehmen?«

»Ja, klar. Brauch ick nich' mehr. Ha' ick jenuch von.«

»Das… also…Das ist ja supernett von dir. Vielen Dank. Echt jetzt.«

»Pfff… denn.«

»Ja, dann.«

»Tschüss, Berlin.«

»Schüss, du.«

Glossar

Hinweise zur Benutzung

Ziel dieses Glossars soll es sein, Wörter und syntaktische Konstruktionen zu erklären, die im aktuellen Berlinerisch tatsächlich benutzt werden. Folglich wurden Erfindungen wie Goldelse, Telespargel und Langer Lulatsch hier bewusst weggelassen. Ein Grundwortschatz (Molle, Bulette, Pfannkuchen und Eierkuchen) wird als bekannt vorausgesetzt (sonst googlen Sie das halt, mein Gott!).

Atze

Kumpel, Bekannter

auf

Im Berlinerischen fällt nach der Präposition »auf« der folgende Artikel weg. »Ick bin auf Arbeit«, »Ruf mich auf Handy an«, »Stell dein Bier jefälligst auf Deckel«.

Berlin

Größere Verwaltungseinheit, in die die Heimat des Weddingers/Spandauers/Pankowers etc. ohne dessen Einwilligung 1920 eingegliedert wurde, was ihn bis heute verdriest.

Bratze

Hässliche oder schlecht gelaunte Frau

dreiviertel ölf

→ viertel ölf

Endet ein Wort auf »-ers«, so wird das s gern verschluckt. Mineralwasser wird in Berlin ausschließlich als »Selter« bezeichnet, die Schokoladenriegel werden als »Knopper« und »Snicker« ausgesprochen, der Supermarkt als »Kaiser«, der Schauspieler als »Johannes Heester«. Was wenige Leute wissen: Der Geburtsname des früheren Regierenden Bürgermeisters lautete eigentlich Walter Mompers.

erzählendes Futur

Zusammen mit der → Inversion ein stilistisches Element im familiären Erzählton. »Fahr ick auf Straße. Seh ick vorn so'n Bengel zu stehen. Da wird der mir wohl so'n Polenböller mitten vor'n Wagen werfen.«

icke

Betonte Form des Personalpronomens ick (»ich«). »Icke« und »ick« verhalten sich wie »moi« und »je« im Französischen. »Wer steht draußen? Icke!« Aber: »Ick sare ma so.«

Inversion

Beliebte alternative Syntax im erzählenden Ton. Das Prädikat nimmt hier die Position am Satzanfang ein, direkt gefolgt vom Subjekt: »Kloppt dit anne Tür. Jeh ick hin. Mach ick die Tür auf. Is' keena da.«

»Jibtsojarnä!«

(»Gibt's doch gar nicht«) Ausdruck höchster Erheiterung, auch alternativ zu einem heftigen Lachausbruch verwendbar.

Keule

Familiäre Anrede für Herren, kann auch anbiedernd oder drohend gebraucht werden (vgl. auch im Film »Sonnenallee«: »Da haste ma so richtäh schön Pech jehabt, Keule.«).

Kloppi

Verrückter, Idiot

Ökofotzen

(abwertend) Neologismus für Bewohner des Prenzlauer Bergs, Geschlecht egal.

Pleppo

→ Kloppi

Schwabe

(abwertend) Westdeutscher, aus einem beliebigen Ort zwischen Hannover und Alpen herstammend.

»Vastehste«

(»Verstehst du?«) Ursprünglich Nachfrage, ob der Gesprächspartner das eben Gesagte verstanden hat. Mittlerweile als Füllwort am Satzende beliebt, um dem eben Gesagten Nachdruck zu verleihen (vgl. engl. »right?«, frz. »n'est-ce pas?«, schwäb. »weisch?«).

viertel ölf

(»viertel elf«) Viertel nach zehn. Am einfachsten lässt sich diese Art der Uhrzeitangabe (die allerdings nicht auf

Berlin beschränkt ist) erklären, indem man sich Teile eines Kuchens vorstellt. »Viertel zehn« und »dreiviertel zehn« folgen demselben Prinzip wie »halb zehn«: Die Zehn ist zur Hälfte voll, folglich ist es 9.30 Uhr. Um »viertel zehn« ist die Zehn zu einem Viertel voll (9.15 Uhr) und um »dreiviertel zehn« zu drei Vierteln (9.45 Uhr). Es ist ratsam, stets einen Kuchen (nicht in Kastenform!) und ein Messer bei sich zu führen, um Missverständnisse zu vermeiden und den Berliner zur Not bitten zu können, die aktuelle Uhrzeit abzuschneiden.

Vorel

(»Vogel«) Sich seltsam oder lächerlich verhaltender Mensch.

»Wat wollense denn?«

Übliche Grußformel im Einzelhandel (vgl. frz. »bonjour«, ital. »buon giorno«, amer. »Hello Sir, my name is Sarah, I am your waiter. What can I do for you?«). Ursprünglich wurde diese Grußformel von Herrschaften gegenüber Lieferanten gebraucht (vgl. Carl Zuckmayer, Der Hauptmann von Köpenick, 1. Akt, 1. Szene), nach den Umwälzungen der sozialistischen Zeit nur noch in umgekehrter Richtung.

»Wattenn, wattenn?«

(»Was denn, was denn?«) Ausdruck des Erstaunens

»Weeßicke«

(»(Was) weiß ich«) Ausdruck der Ratlosigkeit. Auch als universaler Antwortsatz zu gebrauchen.

Wuchtbrumme

Sehr dicke Frau

»Xaremaso«

(»Ich sage mal so«) Ursprünglich eine Wendung, die ausdrücken sollte, dass das Folgende eine laxe Umschreibung ist und / oder nicht wortwörtlich zu verstehen sei. Mittlerweile als Füllwort am Satzanfang beliebt (vgl. frz. »eh bien«, ital. »allora«, engl. »well«).

Zetti

Nicht-Berliner, Landei

zu

Verben im Infinitiv, die einen Aufenthalt ausdrücken (stehen, sitzen, liegen etc.) und in einer Satzkonstruktion mit »haben« verwendet werden, bekommen ein »zu« vorangestellt:

»Ick habe im Zimmer einen Fernseher zu stehen.«
»Du hast da wat im Jesichte zu kleben.«
»Ick habe janz schön einen zu sitzen.«

»Zückbambäh«

Traditioneller Abschiedsgruß des Bahnhofsvorstehers an eine abgefertigte S-Bahn (»Nach Spandau: zückbambäh.«). Der Gruß erfolgt nach der Aufforderung an die Fahrgäste einzusteigen und vor dem Schließen der Türen. Herkunft und Etymologie unbekannt.

Fotonachweis

Titelmotive	© Sibylle_Zander (Piratenflagge)
	© imagine.iT (Fernsehturm)
Seite 5, 6, 8, 9, 11, 20, 29, 34, 63, 66, 69, 70, 78, 79, 96, 98, 101, 102, 105, 106, 110, 112, 116, 119, 123, 128	Peter Liptow, Berlin
Seite 3, 19, 38, 39, 40, 41, 42, 43, 56, 86, 88/89, 90/91, 92	Rolf Baumgartner
Seite 4	Privat
Seite 4, 108, 109	© JiSign/fotolia.com
Seite 10, 15, 55	Tilman Birr, Berlin
Seite 27	David Heerde, Berlin
Seite 74, 77, 115	Bernd Schill, Berlin
Seite 81, 85	Michael Bussmann/Gabriele Tröger, Berlin
Seite 12, 18, 24, 32, 39, 60 70, 78, 86, 94, 99	»Berlin, administrative divisions (+districts -boroughs -pop) de – colored« by TUBS – Own work This vector graphics image was created with Adobe Illustrator.This file was uploaded with Commonist. This vector image includes elements that have been taken or adapted from this: Berlin location map. svg (by TUBS). This vector image includes elements that have been taken or adapted from this: Berlin Subdivisions.svg (by NordNordWest). Licensed under CC BY-SA 3.0 via Wikimedia Commons – https://upload.wikimedia.org/wikipedia/commons/e/ea/Berlin%2C_administrative_divisions_%28%2Bdistricts_-boroughs_-pop%29_-_de_-_colored.svg
Seite 12	»Skulptur Unter den Linden 41 (Mitte) Buddy Bär Severin & Kühn« by OTFW, Berlin – Self-photographed. Licensed under CC BY-SA 3.0 via Wikimedia Commons – https://commons. wikimedia.org/wiki/File:Skulptur_Unter_den_Linden_41_(Mitte)_Buddy_Bär_Severin_%26_Kühn.jpg#/media/File:Skulptur_Unter_den_Linden_41_(Mitte)_Buddy_Bär_Severin_%26_Kühn.jpg
Seite 17	»Berlin Blu-120804 02« von Kamahele - Eigenes Werk. Lizenziert unter CC BY-SA 3.0 über Wikimedia Commons – https://commons.wikimedia.org/wiki/File:Berlin_Blu-120804_02.jpg#/media/File:Berlin_Blu-120804_02.jpg
Seite 18	© Markus_Mainka/fotolia.com
Seite 21	© WoGi/fotolia.com
Seite 22	© corbis_infinite/fotolia.com

Michael Müller Reiseführer

So viel Handgepäck muss sein.

Unglaublich detaillierte Reise-Infos zu Berlin ...

...und zu mehr als 200 weiteren Reisezielen in Deutschland, Europa und der Welt

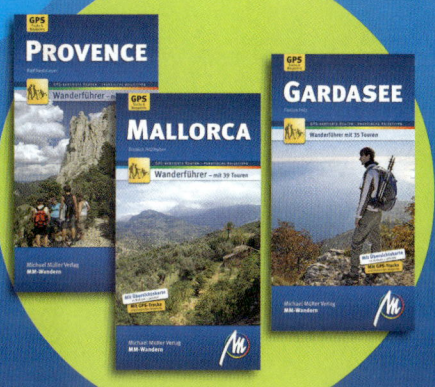

Klimaschutz geht uns alle an.

Der Michael Müller Verlag verweist in seinen Reiseführern auf Betriebe, die regionale und nachhaltig erzeugte Produkte bevorzugen. Ab Januar 2015 gehen wir noch einen großen Schritt weiter und produzieren unsere Bücher klimaneutral. Dies bedeutet: Alle Treibhausgasemissionen, die bei der Produktion der Bücher entstehen, werden durch die Ausgleichzahlung an ein Klimaprojekt von myclimate kompensiert.

Der Michael Müller Verlag unterstützt das Projekt »Kommunales Wiederaufforsten in Nicaragua«. Bis Ende 2016 wird der Verlag in einem 7 ha großen Gebiet (entspricht ca. 10 Fußballfeldern) die Wiederaufforstung ermöglichen.

Dadurch werden nicht nur dauerhaft über 2.000 t CO_2 gebunden. Vielmehr werden auch die Lebensbedingungen der lokalen Bevölkerung deutlich verbessert.

In diesem Projekt arbeiten kleinbäuerliche Familien zusammen und forsten ungenutzte Teile ihres Landes wieder auf. Eine vergrößerte Waldfläche wird Wasser durch die trockene Jahreszeit speichern und Überschwemmungen in der Regenzeit minimieren. Bodenerosion wird vorgebeugt, die Erde bleibt fruchtbarer. Mehr über das Projekt unter **www.myclimate.org**

myclimate ist einer der weltweit führenden Anbieter im Bereich der freiwilligen CO_2-Kompensation. myclimate Klimaschutzprojekte erfüllen höchste Qualitätsstandards und vermeiden Treibhausgase, indem fossile Treibstoffe durch alternative Energiequellen ersetzt werden. Das Projekt »Kommunales Wiederaufforsten in Nicaragua« ist zertifiziert von Plan Vivo, einer gemeinnützigen Stiftung, die schon seit über 20 Jahren im Bereich Walderhalt und Wiederaufforstung tätig ist und für höchste Qualitätsstandards sorgt.

www.michael-mueller-verlag.de/klima

Impressum

Berlin – Satirisches Reisegepäck von Tilman Birr

Herausgeber: Christian Schultz
Covergestaltung: Karl Serwotka
Layout: promedia designbüro, Erlangen
ISBN 978-95654-248-0

© Copyright Michael Müller Verlag GmbH, Erlangen 2015
Alle Rechte vorbehalten. Alle Angaben ohne Gewähr.
Druck und Bindung: Phoenix Print GmbH
1. Auflage 2015

www.michael-mueller-verlag.de